RE NUESTRO QUE ESTÁS
NTIFICADO SEA TU NO
EINO. HÁGASE TU VOLUNTAD, COMO EN EL
ELO, ASÍ TAMBIÉN EN LA TIERRA. EL PAN

Oremos

con

Cristo

JESTRO DE CADA DÍA DÁNOSLO HOY.
PERDÓNANOS NUESTRAS DEUDAS, COMO
AMBIÉN NOSOTROS PERDONAMOS A NUESTROS
EUDORES. Y NO NOS METAS EN TENTACIÓN,
AS LÍBRANOS DEL MAL; PORQUE TUYO ES
L REINO, Y EL PODER, Y LA GLORIA,
OR TODOS LOS SIGLOS. AMÉN.
RE NUESTRO QUE ESTÁS EN LOS CIELOS.
NTIFICADO SEA TU NOMBRE. VENGA TU
INO. HÁGASE TU VOLUNTAD, COMO EN EL
ELO, ASÍ TAMBIÉN EN LA TIERRA. EL PAN
JESTRO D

David Yonggi Cho

NOSLO HOY.
PERDÓNANOS NUESTRAS DEUDAS, COMO
AMBIÉN NOSOTROS PERDONAMOS A NUESTROS
EUDORES. Y NO NOS METAS EN TENTACIÓN,
AS LÍBRANOS DEL MAL, PORQUE TUYO ES
REINO, Y EL PODER, Y LA GLORIA,
OR TODOS LOS SIGLOS. AMÉN.

Vida
DEDICADOS A LA EXCELENCIA

$\mathscr{L}$a misión de EDITORIAL VIDA es proporcionar
los recursos necesarios a fin de alcanzar a las personas para Jesucristo y ayudarlas a crecer en su fe

©1990 EDITORIAL VIDA
Miami, Florida 33166

Este libro se publicó en inglés con el título:
Praying with Jesus
por *Creation House*
© 1987 por *David Yonggi Cho*

Traducción: *Francisco M Liévano*

Diseño de cuierta: *Osvaldo González*

Reservados todos los derechos Este libro apareció antes
con el título *Orando con Cristo*

ISBN 0-8297-0389-6

Categoría: *Discipulado / Madurez cristiana*

Indice

Índice

Prefacio

"¿Qué debemos pedir en oración, y cómo?" Los discípulos de Jesús le hicieron esa pregunta. Pero todavía la hacen las personas que quieren vivir por fe, o que se enfrentan a problemas desesperados.

Como respuesta a esa pregunta, Jesús nos dio el ejemplo perfecto: el Padrenuestro, que se halla en Mateo 6:9-13. Esa oración, que muestra el amor de Dios, no es sólo un ejemplo para nuestra oración, sino que también es lo que debemos pedir que Dios lleve a cabo. Aun si sencillamente aprendemos de memoria sus palabras y las recitamos de manera rutinaria, esa breve oración está llena de poderosa gracia. Si vamos un paso más allá y entendemos el significado de cada frase, nuestra oración llega a ser más osada, nuestra fe se volverá más fuerte. Recibimos respuesta a nuestra oración y disfrutamos de una comunión más profunda con Dios.

Confío que este libro sea una ayuda útil para todos los que desean saber la manera de orar como oró Jesús:

Padre nuestro que estás en los cielos, santificado sea tu nombre. Venga tu reino. Hágase tu voluntad, como en el cielo, así también en la tierra. El pan nuestro de cada día, dánoslo hoy. Y perdónanos nuestras deudas, como también nosotros perdonamos a nuestros deudores. Y no nos metas en tentación, mas líbranos del mal; porque tuyo es el reino, el poder, y la gloria, por todos los siglos. Amén.

1
Padre nuestro que estás en los cielos

¿Qué es la oración? En pocas palabras, es un diálogo con Dios en el que vinculamos actitudes y pensamientos con los pensamientos de Dios. Si hemos de orar con eficacia, tenemos que condicionar nuestros pensamientos a los pensamientos divinos y nuestras actitudes tienen que estar en correcta relación con las de Dios. Expresamos o no con palabras nuestros pensamientos correctos, ellos son una ofrenda de olor fragante que agrada a Dios. ¿Pero cómo podemos saber si nuestros pensamientos son correctos o no ante los ojos de Dios? La norma para medirlos es la Palabra de Dios.

En la Biblia, Dios escribió sus pensamientos. Cuando leemos las Sagradas Escrituras con el corazón dispuesto, haciendo que nuestros pensamientos sean compatibles con la Palabra y poniendo nuestra esperanza en El, Dios responde nuestra oración según los deseos de su buena voluntad.

Jesús nos dio el "Padrenuestro" como la suma más significativa de su Palabra.

La oración que Jesús nos enseñó es el pensamiento correcto que tenemos que implantar en nuestro corazón: Dios llega a ser nuestro Padre; su reino viene a nuestro corazón, a nuestra vida y a este mundo; Dios satisface todas nuestras necesidades diarias; El nos guarda del mal y no nos deja caer en tentación; El perdona nuestros pecados y nos libra del mal.

Jesús hizo una oración que se conoce entre nosotros con el nombre de Padrenuestro, en respuesta a la solicitud que le hicieron sus discípulos para que les diera una lección sobre la oración; y los puntos que Jesús cubrió son significativos como un modelo para nuestros pensamientos con relación a Dios.

En el mismo comienzo de la oración que Jesús enseñó, claramente estableció la base de la actitud apropiada que debemos tener hacia Dios: "Padre nuestro que estás en los cielos." A El le podemos confiar el intenso deseo de nuestro corazón mediante nuestros pensamientos correctos. Sólo El puede oír nuestra oración y responderla. Dios está esperando que nosotros tengamos los mismos pensamientos de El. Analicemos lo que dice la Palabra de Dios acerca de nuestro Padre que está en el cielo.

Padre Nuestro

Mientras yo realizaba una campaña de predicación en los Estados Unidos de América, recibí una carta de una divorciada, quien mencionó las dificultades de criar a sus hijos sin padre. Mientras leía la carta recordé la importancia que tiene el papel de un padre para sus hijos.

Cuando Jesús enseñó, El se refirió a Dios como su Padre. Sólo en el Sermón del Monte, Jesús llamó Padre a Dios diecisiete veces. ¿Por qué piensa usted que Jesús nos mandó a llamar Padre a Dios?

¿Cómo llegó Dios a ser nuestro Padre?

En el principio, Dios hizo a Adán y Eva como sus hijos. Dios los hizo a su imagen y sopló aliento —o el Espíritu— en ellos. Por el hecho de que Adán y Eva tuvieron la imagen y el Espíritu divinos, sus pensamientos y carácter eran como los de Dios. Como un padre sabe lo que hay en la mente de su hijo, y el hijo sabe lo que hay en la mente de su padre, así Dios sabía lo que estaba en la mente de Adán y Eva; Adán y Eva sabían lo que estaba en la mente de Dios.

Al referirse a sus hijos e hijas, Dios dijo: "...todos los llamados de mi nombre; para gloria mía los he creado" (Isaías 43:7). Cuando los hijos se portan bien, los padres reciben el honor. Pero cuando los hijos se portan mal, los padres reciben el deshonor. Dios quiso que Adán y Eva, a quienes había hecho a su imagen y semejanza, y en quienes había soplado su espíritu, le dieran la gloria y el honor para siempre.

Pero Adán y Eva se negaron a seguir siendo hijos de Dios; voluntariamente llegaron a ser hijos de Satanás. Cuando quebrantaron el mandamiento de Dios, El pronunció de inmediato una maldición, y sus espíritus murieron. En Ezequiel

18:4, Dios dijo: "He aquí que todas las almas son mías; como el alma del padre, así el alma del hijo es mía; el alma que pecare, esa morirá."

Adán y Eva, cuyos espíritus habían muerto por causa del pecado, ya no podían disfrutar del diálogo con Dios; ni podían complacerlo, ni glorificarlo. La imagen divina ya no se hallaba en la humanidad caída.

Pero Dios, por causa de su amor, no se rindió (1 Juan 4:8). (Se necesita más de una persona para realizar la obra de amor. El amor sólo es posible cuando hay una persona que es amada por otra. El Padre es el que ama; Jesús es el amado; el Espíritu Santo es el que comunica el amor. Así Dios hace que la Trinidad sea completa en amor.) Y El siempre quiere dar su desbordante amor a tantos hijos como le sea posible.

Jesús expresó eso cuando dijo: "¡Jerusalén, Jerusalén, que matas a los profetas, y apedreas a los que te son enviados! ¡Cuántas veces quise juntar a tus hijos, como la gallina junta a sus polluelos debajo de sus alas, y no quisiste!" (Mateo 23:37). Tal amor divino hizo que Dios vistiera a Adán y Eva con pieles de un animal que El había matado. El derramamiento de esa sangre prefiguraba la predisposición de Dios a perdonar y cubrir los pecados y transgresiones de la humanidad, al hacer que Dios el santo Hijo muriera en la cruz. Por cuatro mil años en el Antiguo Testamento, Dios prometió y confirmó vez tras vez que El enviaría a Cristo.

A partir de la caída de Adán, ningún ser ha podido presentarse ante el justo Dios. Cualquier acto de justicia ha fallado en cuanto a liberar de pecado a la humanidad. Por el hecho del intenso amor que Dios nos tiene y por su propósito de hacer que volvamos a ser sus hijos y de llegar a ser nuestro Padre, El envió a su Hijo a este mundo para que muriera como el eterno Cordero de la expiación.

Como el espíritu de la humanidad estaba muerto por causa de la caída, la humanidad llegó a ser sólo polvo que no servía para nada. Pero Jesús murió voluntariamente para satisfacer el amor divino y para impartir la gracia predeterminada por Dios. ¿Cuál fue la voluntad divina que Jesucristo cumplió al morir, y al declarar su última palabra: "Consumado es" (Juan 19:30)? Jesús mismo contesta esa pregunta: "Y ésta es la voluntad del que me ha enviado: Que todo aquel que vea al Hijo, y crea en él, tenga vida eterna; y yo le resucitaré en el día postrero" (Juan 6:40).

¿Entonces qué es la vida eterna? Es la vida perdurable que Dios da. Fue la vida que Adán y Eva recibieron de Dios antes que cayeran en el pecado. La noche antes que Jesús fuera juzgado y condenado a muerte, dijo: "Y esta es la vida eterna: que te conozcan a ti, el único Dios verdadero, y a Jesucristo, a quien has enviado" (Juan 17:3).

Cuando creemos en Jesucristo como el Mesías y nuestro Salvador, tenemos vida eterna. Cuando tenemos vida eterna, es decir, la vida de Dios, que recibimos mediante el nuevo nacimiento del agua y del Espíritu, llegamos a conocer a Dios. Nuestro espíritu resucita. Cuando recibimos la vida eterna, recibimos el espíritu de adopción, por el cual clamamos: "¡Abba, Padre!" (Romanos 8:15) En tal momento, "el mismo Espíritu da testimonio a nuestro espíritu, de que somos hijos de Dios" (Romanos 8:16); porque Dios "nos ha sellado, y nos ha dado las arras del Espíritu en nuestros corazones" (2 Corintios 1:22).

Con gran elocuencia, el apóstol Pablo escribió acerca de la voluntad de Dios al hacernos sus hijos:

> Bendito sea el Dios y Padre de nuestro Señor Jesucristo, que nos bendijo con toda bendición espiritual en los lugares celestiales en Cristo ... en amor habiéndonos predestinado para ser adoptados hijos suyos por medio de Jesucristo, según el puro afecto de su voluntad, para alabanza de la gloria de su gracia, con la cual nos hizo aceptos en el Amado.
>
> Efesios 1:3, 5, 6

Por fe en Jesucristo, mediante la cual nuestro Espíritu es vivificado, llegamos a ser hijos de Dios. Cuando comemos la carne desgarrada de Jesús y bebemos la sangre que derramó por nosotros, tenemos vida eterna (Juan 5:54). Jesucristo llega a ser nuestra justicia y todo aquel que confía en El puede presentarse osadamente delante de El (Hebreos 10:19). Por causa de su amor, Dios nos hizo sus hijos y pagó el precio.

Dios, quien abrió el camino para que llegáramos a ser sus hijos, quiere que todos tengan vida eterna y que lleguen a ser hijos suyos. No nos redimimos a nosotros mismos; Dios nos redime de nuestro pecado. Dios ha cumplido todas las condiciones necesarias para que tengamos vida eterna y para que lleguemos a ser hijos de Dios.

Lo único que tenemos que hacer es creer incondicionalmente, confesar con nuestra boca que Jesucristo es el Hijo de Dios y que nuestros pecados son perdonados mediante su crucifixión. Jesús dijo que Dios dio a su Hijo "para que todo aquel que en él cree, no se pierda, mas tenga vida eterna" (Juan 3:16). El también dijo: "Mas a todos los que le recibieron, a los que creen en su nombre, les dio potestad de ser hechos hijos de Dios; los cuales no son engendrados de sangre, ni de voluntad de carne, ni de voluntad de varón, sino de Dios" (Juan 1:12, 13). Dios se complació en hacer que, de esa manera, los creyentes llegarán a ser sus hijos (Efesios 1:5).

Dios tenía un gran plan para hacernos sus hijos. Al enviar a su Hijo unigénito, Jesucristo, a este mundo, y hacerlo morir, Dios preparó el camino para que nosotros podamos llamarlo Padre, al enviarnos el Espíritu de adopción.

Así hemos llegado a ser hijos de Dios por segunda vez. La primera vez llegamos a ser sus hijos por creación, y la segunda, fuimos comprados con el precio de su sangre. El propósito de Dios en la creación y en la redención fue el mismo: El quiere que alabemos la gracia que nos ha manifestado. Mientras alabamos la gracia de Dios y le damos la gloria, no hay nada que pueda separarnos del amor de Cristo. Como Jesús dijo: "Y yo les doy vida eterna; y no perecerán jamás ni nadie las arrebatará de mi mano. Mi Padre que me las dio, es mayor que todos, y nadie las puede arrebatar de la mano de mi Padre" (Juan 10:28, 29).

Nuestra relación con Dios, como hijos de El en virtud de la sangre de Jesucristo, es un vínculo espiritual de sangre. No hay nadie que pueda cortar ese vínculo, ni en este mundo ni en el venidero.

La manera de acercarnos a nuestro Padre

Jesús dijo que debemos llamar a Dios "Padre nuestro". Los pensamientos apropiados que debemos tener cuando llamemos a Dios "Padre nuestro" son los siguientes: cuando concentramos nuestros pensamientos en Dios nuestro Padre, siempre tenemos que tener en mente la preciosa sangre de Jesucristo. El hecho de que somos salvos no significa que podemos estar delante de Dios sin el mérito de la preciosa sangre. El canto con el cual alabamos a Dios para siempre se relaciona con el poder de la sangre. La visión futurista que el apóstol Juan tuvo en la isla de Patmos incluyó a los redimidos en el cielo en el momento de alabar a Jesucristo el Cordero: "Digno eres de tomar el libro y de abrir sus sellos; porque tú fuiste inmolado, y con tu sangre nos has redimido para Dios, de todo linaje y lengua y pueblo y nación; y nos has hecho para nuestro Dios reyes y sacerdotes, y reinaremos sobre la tierra" (Apocalipsis 5:9, 10).

En esa misma visión, Juan vio una gran multitud de santos, salvados mediante la predicación de ciento cuarenta y cuatro mil israelitas, delante del trono y del Cordero, los cuales clamaban: "La salvación pertenece a nuestro Dios que está sentado en el trono, y al Cordero" (Apocalipsis 7:10).

Por el hecho de que eternamente cantaremos acerca de la sangre de Jesucristo para conmemorar nuestra salvación, cuando oramos: "Padre nuestro que estás en los cielos", tenemos que recordar que Dios es el Padre de Jesucristo, al mismo tiempo que es nuestro Padre. Cuando Jesús mostró por primera vez su cuerpo resucitado a María Magdalena, después de haber cumplido la voluntad de Dios de hacernos sus hijos mediante su muerte en la cruz, El dijo: "...ve a mis hermanos, y diles: subo a mi Padre y a vuestro Padre, a mi Dios y a vuestro Dios" (Juan 20:17). Sin vacilación, Jesús llamó hermanos a sus discípulos. Su Padre llegó a ser el Padre de los discípulos; su Dios llegó a ser el Dios de ellos.

No habíamos podido llamar "Padre nuestro" a Dios hasta que Jesús nos dio ese privilegio. Cuando clamamos: "Padre nuestro", tenemos que recordar que El es el Padre de todos los creyentes que están unidos por la presencia de Jesucristo en sus corazones.

Todo aquel que adora a Dios, que lo alaba, que cree en Jesucristo como su Salvador y reconoce al Espíritu Santo y le da la bienvenida al Consolador, es un hermano o una hermana en Dios. Nosotros somos los materiales de construcción para el templo espiritual en el cual mora Dios. Jesús dijo: "...donde están dos o tres congregados en mi nombre, allí estoy en medio de ellos" (Mateo 18:20).

Dios mora dentro de nosotros por medio del Espíritu Santo y así nos convierte en su templo (1 Corintios 3:16). Pablo dijo: ". . . en quien [Cristo] todo el edificio, bien coordinado, va creciendo para ser un templo santo en el Señor; en quien vosotros también sois juntamente edificados para morada de Dios en el espíritu" (Efesios 2:21, 22). Nuestros hermanos en el Señor deben estar unidos para edificar la casa de Dios sobre el fundamento de la vida, la muerte y la resurrección de Cristo, y mantenerlo limpio de manera que el Espíritu de Dios pueda morar en él.

> Y el Espíritu y la Esposa dicen: Ven. Y el que oye, diga: Ven. Y el que tenga sed, venga; y el que quiera, tome del agua de la vida gratuitamente.
>
> Apocalipsis 22:17

Antes de ascender al cielo, Jesús les dijo a sus discípulos: "Pero recibiréis poder, cuando haya venido sobre vosotros el Espíritu Santo, y me seréis testigos en Jerusalén, en toda Judea, en Samaria, y hasta lo último de la tierra" (Hechos 1:8). Dios quiere que todos lleguen a ser sus hijos; y El nos da poder para que compartamos las buenas nuevas.

Que estás en los cielos

Cuando hablamos a Dios nuestro Padre, debemos tener pensamientos correctos con respecto al lugar donde está El. Debemos apartar la idea de que El está en un lugar vagamente definido y lejano, y reemplazarla por un cuadro específico del lugar en que El mora, tanto en función del espacio como del tiempo. En Isaías 43:10, Dios dice que El quiere que lo conozcamos detalladamente; así que consideremos lo que sabemos acerca de su morada y de su ser.

¿Dónde está Dios?

A partir de la caída de Adán y Eva, nadie ha podido conocer a Dios por su propia cuenta. Por causa del pecado, el camino para conocer a Dios fue cerrado. A menos que Dios se manifieste a sí mismo hoy, nadie puede conocerlo.

Hace casi tres décadas, cuando leí por primera vez la Biblia, después de haber abierto mi corazón al evangelio, me conmovió grandemente el ministerio y el amor de Jesucristo. Sin embargo, un asunto me molestaba. Tal como yo lo veía, los milagros de Jesús habían ocurrido hacía dos mil años en la tierra de Judea. No tenían ninguna relación conmigo, porque yo vivía en este tiempo y en el Lejano Oriente. Me parecía que la Biblia que estaba leyendo no era más que un libro de sucesos históricos. ¿Qué relación tenía yo con un libro que había sido escrito dos mil años antes para los judíos?

Se originaron preguntas que me confundían; sin embargo, me mantuve leyendo hasta encontrar una respuesta que me pudiera sacar de mi duda. Incluso imaginé conversaciones con los grandes personajes que habían visto a Dios. Razoné que tal vez eso me daría mejor discernimiento.

Primero busqué a Adán, el progenitor de la raza humana.

—Padre Adán —le pregunté—, ¿dónde conociste a Dios?

—Tú puedes conocerlo en el huerto de Edén —respondió Adán—. Yo siempre conversé con El en medio de la frescura de la noche.

—¿Pero no fuiste desterrado de ese lugar? ¿Y no es cierto que nadie tiene acceso a El?

Cuando le hice esa pregunta a Adán, él se mantuvo de pie en silencio e inclinó la cabeza. Como no pude hallar una respuesta satisfactoria, me dirigí a Abraham, el padre de los creyentes.

—Abraham, puesto que anduviste siempre con Dios, ¿puedes decirme dónde está El?

—Cada vez que quise encontrarme con Dios —me contestó—, edifiqué un altar, ofrecí un animal en sacrificio y esperé. Algunas veces El se manifestó rápidamente, pero otras veces no con tanta rapidez. Sólo en el altar me encontré con El. No sé donde está ahora.

Luego me dirigí a Moisés, el gran siervo del Señor que obedeció a Dios y libró a los israelitas de Egipto.

—Moisés —pregunté—, ¿no te encontraste tú con Dios en una llama de fuego que ardía en una zarza en el monte Horeb? ¿Y no te encontraste también con El en la cumbre del Monte Sinaí? No hay dudas de que puedes decirme dónde esta Dios.

—Dios moraba en el tabernáculo que habíamos erigido. Siempre me encontraba con El delante del propiciatorio en el tabernáculo, pero no sé dónde está ahora.

Aún insatisfecho, fui a encontrarme con el rey Salomón.

—Rey Salomón, tú construiste el templo en el cual Dios pudo morar. Por tanto, ¿puedes decirme dónde está El ahora?

—Por supuesto que Dios moraba en el templo que construí. Las personas siempre acudían allí para orar y recibían respuestas. Aunque estuvieran en un país extranjero, recibían respuestas, si oraban con sus rostros vueltos hacia el templo.

—Oh rey, ¿pero no fue destruido el templo hace dos mil seiscientos años en la invasión de Asiria y Babilonia?

Como tampoco pude encontrar una respuesta definida de parte del rey Salomón, me dirigí a Juan el Bautista.

—Juan, ¿dónde está el Dios que tú conociste? —le pregunté.

—He aquí el Cordero de Dios, que quita el pecado del mundo —contestó—. Dios es Jesucristo.

Mi corazón se sintió extasiado. Comencé a leer los evangelios: Mateo, Marcos, Lucas y Juan. Luego humildemente me arrodillé ante Jesús y le pedí:

—Señor, permíteme saber dónde está Dios ahora.

Con la ayuda del Espíritu Santo, leí los pasajes que se escribieron para contestar esa pregunta:

Jesús le dijo: Yo soy el camino, la verdad, y la vida; nadie viene al Padre, sino por mí. Si me conocieseis, también a mi

Padre conoceríais; y desde ahora lo conocéis, y lo habéis visto. Felipe le dijo:
Señor, muéstranos al Padre, y nos basta.
Jesús le dijo: ¿Tanto tiempo hace que estoy con vosotros, y no me has conocido,
Felipe? El que me ha visto a mí, ha visto
al Padre; ¿cómo, pues, dices tú: Muéstranos al Padre? ¿No crees que yo soy en el
Padre, y el Padre en mí? Las palabras que
yo os hablo, no las hablo por mi propia
cuenta, sino que el Padre que mora en mí,
él hace las obras. Creedme que yo soy en
el Padre, y el Padre en mí; de otra manera,
creedme por las mismas obras.

Juan 14:6-11

Cuando oí la voz de Jesucristo mediante ese
pasaje, la luz de la verdad comenzó a brillar en
mi corazón; las nubes de las dudas empezaron
a disiparse. Pero yo no estaba completamente
libre de la duda. Pregunté de nuevo:

—Señor Jesús, cuando estuviste en este
mundo, la gente conoció a Dios el Padre y vio sus
obras por medio de ti. Pero desde que fuiste crucificado, moriste, resucitaste y ascendiste al cielo,
no podemos conocer a Dios. ¿Dónde está Dios
en esta hora? ¿Dónde está en este momento?

Jesús me respondió trayendo a mi mente y
corazón otra porción de las Sagradas Escrituras:

Y yo rogaré al Padre, y os dará otro Consolador, para que esté con vosotros para
siempre: el Espíritu de verdad, el cual el
mundo no puede recibir, porque no le ve,

ni le conoce; pero vosotros le conocéis, porque mora con vosotros, y estará en vosotros. No os dejaré huérfanos; vendré a vosotros. Todavía un poco, y el mundo no me verá más; pero vosotros me veréis; porque yo vivo, vosotros también viviréis; En aquel día vosotros conoceréis que estoy en mi Padre, y vosotros en mí, y yo en vosotros.

Juan 14:16-20

Estas palabras de Jesús me condujeron instantáneamente hacia la luz, pues mediante ese pasaje comprendí que cuando yo había recibido a Jesucristo en mi corazón como Salvador, cuando había aceptado la salvación mediante el lavamiento de la preciosa sangre de Jesucristo, Dios el Padre y su Hijo habían entrado en mí por medio del Espíritu Santo. Desde ese momento, resolví resistir la tentación del diablo. Dios en mi corazón dispersó los nubarrones de la duda. Jesús dijo: "El que me ama, mi palabra guardará; y mi Padre le amará, y vendremos a él, y haremos morada con él" (Juan 14:23).

Los apóstoles hicieron hincapié vez tras vez en que Dios está con nosotros. Si preguntáramos al apóstol Pablo dónde está Dios, probablemente contestaría: "¿No sabéis que sois templo de Dios, y que el Espíritu de Dios mora en vosotros?" (1 Corintios 3:16). Y Juan probablemente respondería: "Hijitos vosotros sois de Dios, y los habéis vencido; porque mayor es el que está en vosotros, que el que está en el mundo" (1 Juan 4:4).

Entonces, ¿en qué parte está Dios dentro de nosotros? La Biblia dice: "...el cual también nos ha sellado, y nos ha dado las arras del Espíritu en nuestros corazones" (2 Corintios 1:22). Dios está en nuestro corazón por medio del Espíritu Santo. Y puesto que El está en nuestro corazón, éste llega a ser el reino de los cielos. Jesús dijo: "...el reino de Dios está entre vosotros" (Lucas 17:21). El nombre Emanuel realmente significa: "Dios con nosotros."

¿Entonces nuestro corazón es la única morada de Dios? No. Si así fuera, la promesa bíblica con respecto al hogar celestial en el cual entraremos algún día quedaría nula. Jesús dijo: "...voy, pues, a preparar lugar para vosotros. Y si me fuere y os preparare lugar, vendré otra vez, y os tomaré a mí mismo, para que donde yo estoy, vosotros también estéis" (Juan 14:2, 3). Marcos escribió: "Y el Señor, después que les habló, fue recibido arriba en el cielo, y se sentó a la diestra de Dios" (Marcos 16:19). El escritor de Hebreos también dio testimonio de que Jesús "se sentó a la diestra del trono de Dios" (12:2). Además, el apóstol Juan describió el cielo, donde está Dios, con gran detalle, cuando escribió su visión. Todo eso nos demuestra que Dios algún día desarrollará su reino eterno en un lugar que se llama el cielo, el cual está escondido para nosotros; El nos llevará a vivir con El allí para siempre. ¿Entonces, por qué Dios vino a esta tierra y por qué está morando en nuestro corazón?

Como Dios es justo y santo, ningún miembro injusto de la raza humana caída podía estar delante de El. Puesto que el espíritu de la raza humana murió cuando Adán cayó, nadie puede saber nada acerca de Dios. Aun el más grande erudito de hoy es como un ciego cuando se trata del conocimiento de Dios. A menos que Dios nos permita conocerlo, el ojo no puede ver, ni el oído puede oír, ni pueden entrar en el corazón del hombre, las cosas que Dios ha preparado para los que lo aman (1 Corintios 2:9).

Jesucristo vino a la tierra en la forma de carne humana para revelarnos a Dios y para cumplir la voluntad de El, que consistió en librarnos del pecado y hacernos sus hijos. Si nuestros pecados nos son perdonados, si nacemos de nuevo por el poder de la sangre de Jesucristo, El entra en nuestro corazón y mora allí por medio del Espíritu Santo. Desde ese momento en adelante llegamos a ser hijos de Dios y ciudadanos del cielo. Si somos ciudadanos del cielo, también recibimos las bendiciones que Dios ha preparado para nosotros y disfrutamos de ellas.

Nuestro Dios cuida y educa a los hijos que El ha comprado con el precio de la sangre de su Hijo unigénito. El les da crecimiento y hace que den fruto. Cuando oramos: "Padre nuestro que estás en los cielos", tenemos que pensar en el Dios que gobierna desde su trono en el cielo, quien selló con el Espíritu Santo a los que creen en su Hijo, por lo cual los hizo sus hijos, y quien mora en nuestro corazón y nos llevará al cielo para glorificarnos. ¡Ese Dios es nuestro Padre!

La relación de Dios con el presente, el pasado y el futuro

¿A cuál período pertenece Dios? Algunos sostienen que Dios obró en el pasado, pero no hace nada ahora. Voltaire, el filósofo francés, sostuvo que Dios creó este mundo como un relojero hace un reloj perfecto; sin embargo, ya no hace nada en el mundo, porque todo funciona bien según las leyes que El puso en movimiento.

Algunos teólogos sostienen que Dios, que dio la revelación, realizó milagros y obró entre nosotros en un tiempo, ha muerto. Afirman que este mundo llegará a ser un lugar mejor para vivir sólo mediante la sabiduría humana y el sistema social que el hombre inventó.

A la luz de la Palabra de Dios, examinemos las enseñanzas que nos muestran que esa afirmación es falsa y perversa.

> Además dijo Dios a Moisés: Así dirás a los hijos de Israel: Jehová, el Dios de vuestros padres, el Dios de Abraham, Dios de Isaac y Dios de Jacob, me ha enviado a vosotros. Este es mi nombre para siempre; este es mi memorial por todos los siglos.
>
> Exodo 3:15

Ese pasaje nos demuestra que el Dios de Abraham era el Dios de Isaac, el hijo de Abraham, el Dios de Jacob, el nieto de Abraham. El también llegó a ser el Dios de Moisés y del pueblo de Israel en el tiempo de Moisés. Dios dijo: "Porque yo Jehová no cambio; por esto, hijos de Jacob, no habéis sido consumidos" (Malaquías 3:6). **Para** sus fieles en el Antiguo Testamento, Dios fue siempre el Dios del presente. El Dios de Abraham fue el Dios de Samuel; el Dios de Samuel fue el Dios de Salomón y el Dios de Daniel.

¿Es este Dios sólo del Antiguo Testamento, pero no el Dios del Nuevo Testamento? El cuarto día después que murió Lázaro, el hermano de Marta, Jesús llegó a Betania, donde ellos vivían. Marta se postró sobre su rostro delante de Jesús, y llorando se quejó: "Señor, si hubieras estado aquí, mi hermano no habría muerto."

Marta confiaba en el poder de Jesús —en tiempo pasado—; pero Jesús le dijo: "Tu hermano resucitará."

Marta contestó: "Yo sé que resucitará en la resurrección, en el día postrero."

De esa manera reconoció al Jesucristo del pasado y al Jesucristo del futuro; pero no podía reconocer al Jesucristo del presente que iba a realizar un milagro ante los ojos de ella. Jesús le dijo: "Yo soy la resurrección y la vida; el que cree en mí, aunque esté muerto, vivirá. Y todo aquel que vive y cree en mí, no morirá eternamente. ¿Crees esto?" (Juan 11.21-26)

Dios, a quien llamamos "Padre nuestro", es el Dios del pasado; El creó al mundo. Al mismo tiempo, es el Dios del presente: sostiene todo con su poder, y lo maneja diariamente según su voluntad. Y El es también el Dios del futuro. El es nuestro Dios eterno. Antes que Jesús ascendiera al cielo, para tomar su lugar a la diestra de Dios el Padre, dijo: ". . . he aquí yo estoy con vosotros todos los días, hasta el fin del mundo" (Mateo

28:20). Como todo lo que Jesús prometió sucede diariamente en nuestra vida, reconocemos que ese dicho de nuestro Señor es una verdad infalible.

Aun después que Jesucristo ascendió, los apóstoles siempre escribieron acerca del Dios del presente: "Y a Aquel que es poderoso para hacer todas las cosas mucho más abundantemente de lo que pedimos o entendemos, según el poder que actúa en nosotros" (Efesios 3:20). "...porque Dios es el que en vosotros produce así el querer como el hacer, por su buena voluntad" (Filipenses 2:13). Además, a partir de la era apostólica hasta el presente, millones de nuestros antepasados en la fe han andado con el Dios del presente hasta que han sido llamados al cielo. Nuestro Padre es el Dios viviente, el mismo ayer y hoy y para siempre.

Cuándo llega a ser Dios nuestro Padre

¿Ha pensado usted alguna vez en la responsabilidad y las bendiciones que recibimos cuando nosotros, que teníamos el espíritu muerto, somos resucitados mediante la fe en el poder de la sangre de Cristo? ¿Alguna vez ha probado usted el infinito gozo de la esperanza eterna? ¿Alguna vez ha experimentado una osadía tan firme como una roca?

Dios, nuestro Padre, es mejor que cualquier padre terrenal, sin importar cuán buenas y bellas sean las cualidades de ése.

Cuando centramos nuestros pensamientos en

Dios el Padre, sentimos su amor y sus capacidades paternales. Como Padre nos amonesta con amor, nos anima y tiene expectaciones con respecto a nosotros. Nos perdona y nos consuela cuando nos encontramos en angustias. Dios llega a ser tal Padre para nosotros, y aun más: El es el Padre de justicia y amor; el es el Padre de poder y providencia. Cuando Jesús nos presenta a Dios el Padre, presenta un ejemplo conmovedor:

> ¿Qué hombre hay de vosotros, que si su hijo le pide pan, le dará una piedra? ¿O si le pide un pescado, le dará una serpiente? Pues si vosotros, siendo malos, sabéis dar buenas dádivas a vuestros hijos, ¿cuánto más vuestro Padre que está en los cielos dará buenas cosas a los que le pidan?
>
> Mateo 7:9-11

Cierre sus ojos un momento y piense en la parábola del hijo pródigo. Imagine la escena del hijo que se dirige hacia el hogar de su niñez. Como usted recordará, él había sido un hijo irresponsable y un hermano egoísta. Debido a que había derrochado toda su herencia, soportó una vida miserable y el escarnio y el desprecio de los aldeanos que pasaban cerca de él. Varias veces al día reprimía el anhelo de dar la vuelta y regresar o simplemente rendirse; pero se mantenía caminando cada vez más cerca de la casa de su padre. Finalmente llegó a los alrededores de su pueblo. Le parecía oír el murmullo de los aldeanos que se burlaban de él; le parecía que estaba observando las miradas escarnecedoras como la luz ardiente del sol.

Pero cuando realmente llegó a la entrada de la aldea, fue recibido por su padre, que estaba allí con los brazos abiertos. La primera persona con la cual se encontró el hijo pródigo no fue una mujer habladora del pueblo, ni su legalista hermano mayor. No fue otro que su amoroso y misericordioso padre, que estaba movido por el afecto de un padre para su hijo. Al ver la patética aparición de su hijo, el padre corrió a él, se echó sobre su cuello y lo besó. El hijo acicateado por una conciencia culpable, se humilló; le imploró a su padre que lo contratara como uno de sus siervos. Sin embargo, para sorpresa del muchacho, el padre ordenó a los sirvientes que lo vistieran con la mejor ropa, que pusieran un anillo en su mano y zapatos en sus hinchados pies. Ordenó que se matara un becerro e invitó a una fiesta.

En alta voz, el padre proclamó a los aldeanos: "...comamos y hagamos fiesta; porque este mi hijo muerto era, y ha revivido; se había perdido, y es hallado" (Lucas 15:23, 24). Luego celebraron de todo corazón la restauración del padre y del hijo. La relación renovada entre ellos la comenzó el padre, quien lo había llamado "mi hijo".

Un similar encuentro conmovedor ocurre entre Dios y nosotros. Nosotros no llamamos primero a Dios "Padre"; Dios primero nos llama "hijos". Esa es la gracia de Dios que nos ofrece gratuitamente, sin esperar que le devolvamos nada. ¿Qué da Dios, nuestro Padre, a sus hijos?

Dios nos libra

Si nosotros, por medio del Espíritu Santo, llamamos "Padre" a Dios, y acudimos a su regazo como el hijo pródigo acudió al regazo de su padre, somos librados de la intranquilidad y el temor; dos enemigos que pueden paralizar a la persona y destruir la vida humana. El diablo anda como león rugiente para poner la ansiedad y el temor en el corazón humano.

Una clase de guerra moderna es la psicológica. Su táctica consiste en sembrar la ansiedad en la mente de los enemigos para que se rindan aun antes que comience el combate físico. Nuestro enemigo, el diablo, también organiza guerra psicológica contra nosotros.

En la primera etapa, la paz mental de uno se quebranta. Uno piensa vagamente en las cosas negativas. Después de un tiempo, uno imagina lo negativo de una manera más clara. La ansiedad se convierte en temor. Si una persona permanece por un tiempo llena de temor, piensa que esas cosas están realmente ocurriendo. Esta es la etapa del terror, una emoción que surge cuando uno puede identificar claramente el objeto del temor que tiene. Esas tres etapas pueden ocurrir a lo largo de un período. Pero algunas veces ocurren casi simultáneamente.

Cuando nos aterrorizamos de ese modo, expresamos pensamientos negativos. Si decimos: "No puedo hacerlo"; o "Estoy entre la espada y la pared"; o "Eso es imposible para mi"; ya hemos sucumbido en nuestro corazón, aunque nada haya ocurrido en realidad. Si nos hemos rendido y hemos aceptado el resultado negativo, sólo hay que esperar que transcurra el tiempo para que el fracaso real se apodere de nosotros.

La ansiedad también nos quita la felicidad y la salud. El doctor Walter Clement Alberk, especialista en desórdenes gastrointestinales, quien trabaja en la Clínica Mayo de Minnesota, dice que la mayoría de los casos de diarrea son causados por la ansiedad. Leemos en Proverbios 18:14: "El ánimo del hombre soportará su enfermedad; mas ¿quién soportará el ánimo angustiado?" Eso significa que cuando mantenemos en paz nuestro corazón, cuando tenemos valor, la enfermedad de nuestro cuerpo se cura rápidamente. Al contrario, si nuestro corazón se enferma, no hay cura. Como consecuencia, se nos desarrollan problemas más serios.

¿Entonces cuándo comenzaron tales emociones destructivas? La ansiedad y el temor fueron las emociones que Adán y Eva sintieron cuando pecaron. Adán y Eva en un tiempo mantuvieron un estrecho diálogo con Dios. Pero cuando se rindieron a la tentación de Satanás y comieron del fruto del árbol de la ciencia del bien y el mal, con lo cual violaron el mandamiento divino, el temor surgió en sus corazones. Ya no podían encontrarse con Dios como de costumbre; se escondían de la presencia de Dios entre los árboles del huerto. Y cuando Dios llamó a Adán y le preguntó: "¿Dónde estas tú?", el hombre respondió: "Oí tu voz en el huerto, y tuve miedo, porque estaba desnudo; y me escondí" (Génesis 3:9, 10). La ansiedad y el temor no son emociones que

Dios implantó originalmente en el corazón humano. Son las emociones destructivas que trajo Satanás al mundo con el pecado.

Adán y Eva volvieron sus espaldas al Padre celestial. En consecuencia, su descendencia ha vivido hasta el día de hoy en medio de la ansiedad y el temor. Mientras no llamemos "Padre" a Dios, tendremos una conciencia culpable y temores de que estamos condenados. Muchos tratan de dar una explicación racional y de justificarse diciendo: "Soy inocente", o "Tengo la conciencia limpia". Pero en realidad están atormentados por sus conciencias que se sienten culpables. En otras palabras, luchan para liberarse de la aprensión de que están condenados.

Los que le dan la espalda a Dios también tiemblan por el temor que les viene a causa de un sentimiento implícito de carencia de significado. Las personas se preguntan: "¿De dónde venimos?" "¿Para qué vivimos?" "¿A dónde iremos después de la muerte?" Algunos preguntan: "¿Qué bien ofrece realmente una vida mejor?" "¿Ofrece más que el tiempo y el dinero?" "¿Qué significa la vida mejor?"

Cuando realizo campañas de predicación en países que disfrutan de un alto nivel de vida, con frecuencia encuentro a personas que se angustian con tales preguntas. La mayoría de ellas tienen una edad de alrededor de cuarenta años; han logrado un nivel social y una vida estable. Unánimemente preguntan: "Pastor Cho, estoy cansado de la rutina diaria en mi trabajo. Estoy desilusionado con mi familia. He perdido la voluntad de vivir. ¿Qué haré ahora?" Se angustian por causa de la vacuidad de su corazón, porque han corrido con toda su fuerza durante más de veinte años con la idea de que serán felices si sólo lograran posición, honor, poder y riqueza. Pero descubren frustrados que, después de lograr esas cosas, la felicidad está aún muy lejos. La falta de sentido de la vida se ha apoderado de ellos como una marejada.

Una aprensión acerca de la muerte también se apodera de los seres humanos. Todo ser humano que nace está destinado a morir. Cualquiera que esté a la puerta de la muerte y no esté preparado para enfrentarse a ella, no puede hacer otra cosa que temblar de miedo. Nadie sabe el tiempo de su muerte, ¿pero quién a la edad de cuarenta años no ha pensado en esa posibilidad? Cuando las personas asisten a funerales piensan que pronto pudiera tocarles a ellas mismas. La ansiedad con respecto a la muerte puede ser una corriente subterránea que fluye a través de los pensamientos del que no cree.

Las personas también sienten ansiedad con respecto al futuro. ¿Qué les ocurrirá? ¿Serán impotentes ante algunos problemas avasalladores?

Durante la Segunda Guerra Mundial, murieron 300,000 jóvenes norteamericanos. Pero se dice que supera el millón el número de ciudadanos que murieron de ataques cardiacos causados por la ansiedad, la preocupación y la aprensión, por el hecho de que sus hijos y esposos fueron al frente de batalla. ¡La aprensión y el temor mataron tres veces más personas que las balas!

La causa subyacente del gran pánico que se produjo en la década que comenzó en 1930 fue la intranquilidad que se manifestó en el corazón del pueblo norteamericano. Se difundió un rumor: "Un gran pánico se avecina. Los valores bancarios se volverán papel sin ningún valor. Usted no podrá retirar sus ahorros del banco porque eso causará una baja en las reservas." El pueblo corrió a los bancos y retiró todos sus ahorros. Cuando los bancos cerraron, las compañías tuvieron que cerrar; millones de personas quedaron sin trabajo y fueron echadas a las calles, como resultado de la aprensión.

¿Cómo, entonces, podemos ser librados de la aprensión, el temor y el miedo? Cuando Dios llega a ser nuestro Padre, se va nuestra aprensión, así como desaparece la bruma cuando sale el sol. Llegamos a estar libres de las cadenas de la aprensión y a tener paz y tranquilidad como el mar de Galilea cuya tempestad ha sido calmada.

Somos librados de la aprensión de una conciencia culpable y de la condenación, mediante la sangre que Jesucristo derramó por nosotros, con la cual nos redimió de nuestros pecados en la cruz. Satanás ya no puede tener dominio sobre nosotros, ni puede acusarnos. Mediante nuestra fe y dependencia de la sangre de Jesucristo, Dios llega a ser nuestro Padre y somos justificados. En otras palabras, hemos adquirido la condición de justos y no estamos contaminados con ninguna clase de pecado.

¿Cómo somos librados de la vacuidad que viene cuando sentimos que la vida no tiene sentido? Cuando Dios llega a ser nuestro Padre, el propósito de la vida llega a ser claro: vivimos para glorificar a Dios.

Dios nos hizo según su voluntad y nos predestinó para El según su agrado (Efesios 1:5). El quiere que cumplamos su voluntad y que un día vayamos al hogar que El nos ha preparado. Jesús nos presentó a Dios el Padre como el "Señor de los cielos y de la tierra" (Mateo 11:25). No hay razón por la cual nosotros, que tenemos tal Dios como nuestro Padre, pensamos que la vida no tiene significado.

Cuando Dios llega a ser nuestro Padre, también somos librados del temor a la muerte. Aunque nuestro cuerpo muere, nuestro espíritu va al reino de nuestro Padre celestial. La muerte del cuerpo físico es el comienzo de la vida nueva que tenemos en el reino celestial.

Jesús dijo: "En la casa de mi Padre muchas moradas hay" (Juan 14:2), que son las que Dios ha preparado para sus fieles. En el futuro, en un tiempo que Dios ha determinado, El levantará a sus hijos de entre los muertos para que asistan a las bodas del Cordero en el cielo. Por tanto, podemos exclamar osadamente: "¿Dónde está, oh muerte, tu aguijón? ¿Dónde, oh sepulcro, tu victoria?" (1 Corintios 15:55).

Nuestro Padre también nos libra de la aprensión del futuro desconocido. Dios, a quien llegamos a conocer por medio de Jesucristo, es perfecto, y nos guía a toda la verdad por medio del Espíritu Santo, nuestro Consolador. Como llegamos a ser sus hijos según el puro afecto de su voluntad, El hace que todas las cosas obren para beneficio nuestro. En el Antiguo Testamento, Dios guió a Abraham hacia un mundo totalmente extraño para él. En la forma de una columna de fuego y de una columna de nube, El condujo al pueblo de Israel hacia Canaán. Hoy, cuando llamamos "Padre nuestro" a Dios, y lo amamos, El aún nos dirige con columnas similares, la columna de la paz y la columna del gozo por medio del Espíritu Santo.

Cuando nos enfrentamos a problemas que nos parecen más grandes que nosotros, sólo necesitamos recordar que Dios es el Padre de esperanza y el Señor de poder. Cuando Dios, que hizo los cielos y la tierra, llega a ser nuestro Padre, no hay nada que no podamos hacer mediante la fe en El.

Jesús nos aseguró que nuestro Padre celestial es un Padre que siempre obra. "Mi Padre hasta ahora trabaja, y yo trabajo" (Juan 5:17). Nosotros también tenemos que trabajar con diligencia para la gloria de Dios con el poder que El nos da.

El profeta Jeremías fue encerrado en un pozo profundo en el patio de la cárcel. Tal vez deploró su incapacidad para hacer algo con respecto a su condición, pero durante este tiempo le vino a él la más poderosa palabra de Dios: "Así ha dicho Jehová, que hizo la tierra, Jehová que la formó para afirmarla; Jehová es su nombre: Clama a mí, y yo te responderé, y te enseñaré cosas grandes y ocultas que tú no conoces" (Jeremías 33:2, 3).

La Biblia también dice: "...porque Dios es el que en vosotros produce así el querer como el hacer, por su buena voluntad" (Filipenses 2:13). Por causa de esa promesa, podemos confiar cuando nos hallamos frente a cualquier adversidad.

Puesto que nacemos, no de sangre, ni de voluntad de carne, ni de voluntad de varón, sino de Dios; nuestro Padre está obligado a alimentarnos, vestirnos, criarnos y educarnos. Cuando sinceramente clamamos a nuestro Padre, toda la aprensión y el temor que Satanás pone en nosotros desaparecerán; en su lugar fluirán la paz y el gozo como un manantial. La Biblia claramente dice:

> Porque todos los que son guiados por el Espíritu de Dios, estos son hijos de Dios. Pues no habéis recibido el espíritu de esclavitud para estar otra vez en temor, sino que habéis recibido el espíritu de adopción, por el cual clamamos: ¡Abba, Padre! El Espíritu mismo da testimonio a nuestro espíritu, de que somos hijos de Dios.
>
> Romanos 8:14-16

> Sean vuestras costumbres sin avaricia, contentos con lo que tenéis ahora; porque él dijo: No te desampararé, ni te dejaré; de manera que podamos decir confiadamente: El Señor es mi ayudador; no temeré lo que me pueda hacer el hombre.
>
> Hebreos 13:5, 6

Si Dios llega a ser nuestro Padre, no tenemos que temer nada en este mundo. La primera bendición que Jesús nos permite cuando oramos: "Padre nuestro que estás en los cielos", es esa liberación de la aprensión.

Dios hace que triunfemos

Cuando llamamos Padre a Dios, podemos ser librados de cualquier sentimiento de inferioridad y frustración que está profundamente arraigado en nuestro corazón; podemos triunfar en la vida.

La vida misma es una lucha, desde la niñez hasta la vida adulta. Y la vida se hace más difícil cuando nos comparamos con otras personas. Muy a menudo nos desilusionamos y nos sentimos inferiores a otros que usan mejor ropa que la nuestra, que viven en mejores casas que la nuestra, que tienen más capacidad que nosotros.

Sabemos, mejor que cualquier otra persona, que la mayor parte de nuestro lenguaje, pensamiento y conducta reflejan nuestros sentimientos de inferioridad. Pero cuanto más sabemos, tanto más angustia y conflicto sufrimos.

El pobre concepto de sí mismo da como resultado la melancolía, la cual hace que nos abandonemos a la desesperación o que recurramos a la conducta destructiva. Algunas personas se destruyen con drogas y bebidas alcohólicas, hasta el punto extremo de suicidarse. Para otras, la conducta destructiva se ve en sus relaciones: una mujer que era presa de un complejo de inferioridad, abandonó su hogar, a su esposo y a sus hijos; otra abandonó a su niño de pecho.

Muchos delincuentes continúan asesinando e hiriendo a otros por el hecho de que tienen un pobre concepto de sí mismos. Algunas veces maquinamos contra otros y los despedazamos, para poder tener la esperanza de vernos mejor que ellos.

¿De dónde viene tal conducta destructiva? La causa fundamental de un complejo de inferioridad es la falta de amor. El filósofo alemán Johann Fichte dijo una vez: "El amor es el ingrediente principal del hombre." Los que experimentaron falta de amor cuando eran niños, son propensos a la enfermedad porque no tuvieron suficiente alimento para la mente y el cuerpo. Los evade la verdadera felicidad.

Ni la riqueza, ni el poder ni la honra puede satisfacer nuestra necesidad de amor. Casi todos los que están en la cárcel sufren la deficiencia del amor. Durante su niñez no recibieron suficiente amor de los padres. Una persona que no ha sentido amor genuino es incapaz de amar a otro; pero aun más, esa persona tampoco puede amarse a sí misma. Una persona que no se ama a sí misma carece de confianza en todo. Uno o dos errores que las personas normales sobrellevarían, pueden desilusionar a una persona que no ha sido amada, a tal punto que piense que es incompetente y que no hay remedio. Oí acerca de una joven que se suicidó después de haber fracasado tres veces en los exámenes de admisión en una universidad. ¡Si sólo hubiera confiado en el amor de Dios! Desde el tiempo en que Adán fue sacado del huerto de Edén, los hombres y las mujeres han estado alejados del amor de Dios, la fuente definitiva del amor.

¿Cómo podemos librarnos de tales sentimientos de inferioridad y de desilusión que se producen cuando no estamos a la altura de las circunstancias? Cuando Dios llega a ser nuestro Padre ocurren milagros. Cuando reconocemos que el más grande de este mundo nos ama, nuestro complejo de inferioridad y frustración desaparecen como la nieve.

El amor entre un hombre y una mujer, o entre amigos, algunas veces nos estimula y nos consuela. Pero ese amor está sujeto a cambios. De nuestros padres recibimos un amor más profundo y amplio. Pero esos amores terrenales fallan cuando se presenta un momento crítico: cuando se apodera de nosotros una grave enfermedad, cuando nos enfrentamos a la muerte, cuando estamos físicamente separados de la fuente de amor.

Un día una joven llegó a mi oficina. Era una mujer atractiva que tenía su título universitario, pero una sombra deprimente se movía sobre su melancólico rostro.

Ella compartió conmigo su situación:

—Pastor, soy una mujer infeliz. Cuando asistí a la universidad fui seducida por las palabras de afecto de cierto hombre. Le entregué mi castidad, pero él se mantuvo posponiendo el día de nuestra boda. Con el tiempo tuve sospechas e investigué sus antecedentes. Descubrí que era casado, e incluso había tenido un hijo. Yo estaba viviendo con él y continuaba mi vida doble. No tenía ninguna otra parte a donde ir; pero mi gozo y mi sonrisa desaparecieron. Evitaba que me miraran directamente mis padres y mis hermanos. Me evadía de los compañeros de clase. El comenzó a llegar cada vez más tarde por las noches, y finalmente comenzó a quedarse afuera. Con el tiempo descubrí que él se había divorciado de su esposa y se había casado con otra mujer. Me sentí destruida, sin esperanza ni energía para continuar viviendo. Mi única preocupación era la manera en que podía terminar mi frágil vida y la de él. Llevo un puñal en mi seno. Tan pronto como lo encuentre, se lo clavaré en el corazón y luego me mataré. Soy esa clase de mujer. Estoy aquí porque un amigo insistió mucho en que consultara con usted. Pastor, ¿hay alguna esperanza para una persona como yo?

Se le veía la ira en los ojos. La ira y la desilusión estaban mezcladas con la confusión. Lo que ella decía era cierto: parecía que la destrucción fuera lo único que le quedaba.

Tenía poca fe en cualquier hombre.

—Como usted es un hombre —dijo ella—, probablemente se colocará del lado de él, ¿no es verdad?

—Los hombres y las mujeres somos todos iguales delante de Dios —le respondí—. Todos somos extranjeros y peregrinos en esta vida. En este momento, no tengo las palabras adecuadas para darle completa satisfacción y esperanza. Pero puedo decirle una cosa, y usted tiene el derecho de decidir si recibe eso o no. El Dios que creó los cielos y la tierra, y que la creó a usted, aún le ama. Y los que creemos en Jesucristo la amamos a usted también. Ahora, permítame decirle una cosa que usted puede hacer. Cuando regrese a su casa, antes de acostarse, siéntese, mírese en el espejo y dígase: "¡Dios aún me ama!" Cuando se levante por la mañana, vuélvase a sentar frente al espejo y exclame: "¡Soy una tonta! ¡Soy una desdichada! Sin embargo, ¡Dios me ama!" Si derrama lágrimas, no se preocupe; déjelas que corran. Si levanta la voz, sencillamente continúe gritando con toda la fuerza. Cierre los ojos e imagine un cuadro de usted misma en que Dios la abraza por medio de Jesucristo. Reconozca que Jesucristo está enderezando su vida pecaminosa, injusta, fea, abandonada y agobiada. Que le está lavando hasta dejarla limpia. Veáse a sí misma, y note que ha cambiado completamente en comparación con su propia descripción.

Pasó algún tiempo antes que la mujer volviera a mi oficina. Al volver, tan pronto como se sentó, comenzó a sollozar. Colocó frente a mí un puñal envuelto en una banda de tela y me dijo:

—Hice lo que usted me dijo. Me imaginé que eso no podría hacerme daño. De todos modos, mi vida parecía muy pobre y desdichada. Todas las mañanas y todas las noches me sentaba frente al espejo. Con lágrimas en los ojos decía: "De todos modos, Dios me ama." Me imaginaba que Jesús me abrazaba y suavizaba mi vida torcida y fea como si la estuviera lavando y planchando. Luego, para mi asombro, el amor brotó de mi corazón. Sentí simpatía hacía el hombre que había odiado. Fui cambiada. Oré sinceramente para que ese hombre se arrepienta y acuda a Dios.

Ahora me da miedo mirar ese puñal. Pastor, hágame el favor de desaparecerlo de mi vista.

A partir de ese día, ella llegó a ser una nueva persona. Comenzó a sonreír, y con el paso del tiempo se casó con un magnífico hombre con el cual vive feliz. ¡Aunque todo hombre nos abandone, Dios no nos abandona! Aunque otros nos acusen y nos amenacen con desprecio, Dios nos acerca a su regazo mediante una abrazo fuerte. Aunque los otros no confíen en nosotros, Dios confía en nosotros hasta el fin. Aunque otras personas digan: "Esto es el fin"; Dios dice: "No, esto es sólo el comienzo." Aunque nos consideremos menos que el polvo de la tierra, Dios nos considera como los seres más grandes del universo. ¿Entonces, quién es este Dios que nos ama tanto?

La Biblia nos dice que Dios es amor (vea 1 Juan 4:8). Cuando llamamos a Dios "Padre nuestro", debemos recordar que nuestro Padre es amor. ¿Cuánto nos amó El? Dios nos amó tanto que envió a su Hijo para que fuera colgado en la cruz hasta que su carne fuera desgarrada y su sangre derramada. El profeta Isaías describe el amor divino de una manera bella:

> Mas él herido fue por nuestras rebeliones, molido por nuestros pecados; el castigo de nuestra paz fue sobre él, y por su llaga fuimos nosotros curados. Todos nosotros nos descarriamos como ovejas, cada cual se apartó por su camino; mas Jehová cargó en él el pecado de todos nosotros.
>
> Isaías 53:5, 6

Jesucristo fue crucificado como la expresión de sacrificio propio del amor divino. Dios no toma nota de nuestras posición ni de nuestra circunstancia. En Romanos 8:38, 39 leemos:

> Por lo cual estoy seguro de que ni la muerte, ni la vida, ni ángeles, ni principados, ni potestades, ni lo presente, ni lo por venir, ni lo alto, ni lo profundo, ni ninguna otra cosa creada nos podrá separar del amor de Dios, que es en Cristo Jesús Señor nuestro.

La profundidad del amor de la persona se puede medir por los obstáculos que esa persona está dispuesta a superar para favorecernos. Por medio de su Hijo, Dios venció el obstáculo de la muerte por nosotros. Mediante una palabra, Dios hubiera podido enviar millares de huestes celestiales para librar a Jesucristo de la cruz. Pero Dios el Padre y el Hijo voluntariamente convinieron en que Jesucristo sufriría y moriría por nosotros. Jesús mostró solidaridad con el Padre en el huerto de Getsemaní cuando oró: "Padre mío, si es posible, pase de mí esta copa; pero no sea como yo quiero, sino como tú" (Mateo 26:39).

La copa que Jesús tomó contenía todos nuestros pecados inmundos. Era la copa amarga del juicio que nosotros y nuestros hijos habríamos tenido que beber si Jesús no la hubiera bebido por nosotros. Al enfrentarse a esa copa, Jesús expresó su dolor: "Padre, mi alma está muy triste, hasta la muerte" (Mateo 26:38).

Dios apartó su rostro de su único Hijo cuando éste bebió la copa y fue colgado en la cruz. El no podía ver el pecado que su Hijo llevaba sobre sí cuando exclamó: "Dios mío, Dios mí, ¿por qué me has desamparado?" (Mateo 27:46).

¿Por qué el Padre y el Hijo se sometieron al sufrimiento hasta el fin? Porque Dios quiso quitar el obstáculo que impide que lo conozcamos. Ese es el amor de Dios nuestro Padre que venció la muerte.

Ningún obstáculo es demasiado grande o demasiado alto para el amor de Dios, ni siquiera los principados, porque Jesucristo tiene en sus manos el poder tanto en el cielo como en la tierra. Ninguna cosa presente, ni futura, ni poderes, ni lo alto, ni lo profundo; porque Jesucristo descendió a lo profundo y destruyó la muerte. Ahora El está sentado a la diestra del trono de Dios el Padre. Ese es el amor de Dios.

Cuando estamos conscientes de su amor divino, se produce un maravilloso cambio. Descubrimos en nosotros mismos un valor mayor que cualquier otro valor en el mundo. Pero el hecho de que Jesucristo, la persona más valiosa que jamás haya caminado en la tierra, murió por nosotros, podemos decir: "Yo soy la persona más valiosa; Jesucristo murió por mí." Cuando hacemos tal confesión con osadía, no hay nada a lo que tengamos que temer en este mundo.

Hace muchos años, antes que yo creyera en Jesucristo, mi familia vivía en una aldea que no tenía provisión de agua.

Teníamos que comprarla a los cargadores de agua que llevaban baldes llenos sobre sus hombros. Cuando llegaban a la cumbre de la empinada colina, sus rostros estaban deformados por el dolor. Un cargador de agua, sin embargo, siempre tenía una sonrisa agradable en su rostro. A menudo yo notaba que incluso estaba cantando. Cada vez que lo veía, me embargaba un sentimiento agradable, y siempre le compraba agua.

Un día le pregunté:

—Siempre cantas una canción cuando traes un balde de agua. ¿Qué te hace tan feliz?

—Soy cristiano —respondió—. Dios me ama y está conmigo. ¡Cómo no voy a ser feliz! ¡Crea usted también en Jesucristo!

Según todas las evidencias, el cargador de agua no tenía nada que lo hiciera feliz. Sin embargo, siempre estaba contento. Posteriormente llegué a entender el gozo que él tenía y descubrí que la canción que cantaba era el himno: "Cerca, más cerca, oh Dios de ti."

Cuando llegamos a ser hijos de Dios y llamamos a Dios "Padre nuestro", vemos, comprendemos y sentimos el inmensurable amor de Dios. Entonces ya no somos personas inferiores, sino superiores.

Aunque tengamos fracasos, los consideramos como nuevas oportunidades, en vez de considerarlos como obstáculos. Siempre nos vemos como vencedores porque Dios siempre triunfa. La Biblia dice que a Dios no le agrada que nos desilusionemos y retrocedamos (Hebreos 10:38).

Aunque no tengamos muchas posesiones terrenales, y aunque sólo seamos personas comunes y corrientes sin cualidades dignas de admiración y honra ante los ojos del mundo, nuestro ser interior nunca es insignificante. Cada creyente es un hijo de Dios que heredará el reino de los cielos. Cada uno de nosotros es un sacerdote real. Por tanto, los que pueden llamar "Padre" a Dios deben y pueden vivir por encima y más allá de cualesquiera sentimientos de inferioridad. Cuando acudimos a nuestro Padre por medio de Jesucristo, y le pedimos la victoria, recibiremos liberación.

Dios hace que nos regocijemos

Cuando decimos: "Padre nuestro que estás en los cielos", podemos estar seguros de que no estamos solos. No hay nada peor que sentirse uno totalmente solo y abandonado. Hay personas que pueden andar por una acera atestada de gente y, sin embargo, sentirse aislados, con el anhelo de encontrar a alguna persona con la cual puedan compartir las necesidades de su corazón, de encontrar a alguien con quien puedan tener una conversación. La prolongada soledad puede llevarlo a uno a un callejón sin salida hasta que finalmente explota.

Hace varios años, cuando me encontraba en los Estados Unidos de América, un periódico local publicó una historia de una estudiante coreana que se lanzó desde un alto edificio. Dejó una nota que decía que la muerte era su único escape de la insuperable soledad que la rodeaba. Había trabajado duramente para ganar con qué pagar sus estudios universitarios. Después del día de clases, se iba a un restaurante a lavar platos y limpiar el piso. Después de eso, se iba a cuidar niños. Como el inglés era su segundo idioma, le parecía muy difícil comunicarse. Ella no veía el regreso a Corea como alternativa, hasta que hubiera recibido su título universitario. Esa meta la veía muy lejana. La soledad llegó a ser tan insoportable que puso fin a su vida.

La soledad no es un problema exclusivo de los que estudian en países extranjeros. También caza a celebridades que han logrado éxito en sus carreras, y que reciben el respeto y el amor de las multitudes.

En mi opinión, la persona más solitaria de la Biblia fue Judas Iscariote. Varias veces, por medios directos e indirectos, Jesús lo amonestó para que cambiara de rumbo. Pero Judas decidió vender a Jesús. En la última cena, él abandonó a los otros discípulos y salió a la oscuridad de una noche solitaria. Al final, no sólo fue abandonado por Dios y los sumos sacerdotes, sino que también se abandonó a sí mismo, al renunciar a la vida, y se ahorcó debido a una severa soledad.

¿Cómo puede alguien hallar la salida de la soledad? Por lo general, las personas acuden a dos métodos. Uno es el egoísmo. Tratan de vivir una vida totalmente egocéntrica. Como el hijo pródigo, siempre buscan su propia porción: mi dinero, mi honor, mi poder, mi posición, mis hombres, mi alegría. En realidad, su búsqueda no tiene fin. Pero el egoísmo es el atajo que conduce otra vez a la soledad.

El egoísmo se ha difundido tanto en el mundo de hoy que puede notarse aun en el ambiente familiar. El esposo que quiere que se le honre y se le ame se siente solitario, aunque esté con su esposa y sus hijos. Los hijos consideran a los padres sólo como guardianes, y tratan de abandonar el hogar porque se sienten solitarios. La soledad se arraiga entre los amigos, los colegas, los maestros y los estudiantes. Cuanto más egoísta llegue uno a ser, tanto más elevado será el castillo de la soledad.

Un segundo método que las personas emplean para escapar de la soledad es la búsqueda del placer. Desprecian las relaciones apropiadas y buscan lo que les place.

Eso fue lo que Eva hizo cuando tomó del fruto prohibido que era "bueno para comer" y "agradable a los ojos" (Génesis 3:6). Desde entonces la humanidad ha vivido según su propia voluntad, en vez de vivir conforme a la voluntad de Dios.

La mente humana es un regalo de Dios. Adán y Eva, mediante la mente que no había caído, podían obedecer la voz de Dios. Tan pronto como se interrumpió este diálogo con Dios, la razón llegó a ser la autoridad para discernir entre el bien y el mal. Pero la razón sola es incompleta.

La razón siempre está manipulada por la naturaleza humana, que es avariciosa. La razón siempre proporciona alguna excusa, aunque no sea una buena razón, para satisfacer los deseos de la naturaleza humana. La idea de que los hombres y las mujeres serían felices y buenos si sólo pudieran abandonar la sociedad y dedicarse a una vida de desenfreno, sencillamente no es verdadera.

La razón sola no puede discernir si estamos libres o no. El hecho es que tal juicio queda determinado por los sentidos concupiscentes, y estos sentidos siempre se inclinan al placer.

El placer es un pozo que nunca puede llenarse. Cuanto más nos entregamos al placer, tanto más profundo y amplio llega a ser el pozo. A medida que agregamos placer al placer, nuestro corazón llega a sentirse cada vez más solitario. A causa de esa soledad, las personas finalmente pierden su eterna libertad. Algunas quedan restringidas por la ley, a causa de sus delitos; otras quedan sentenciadas a la destrucción eterna y al infierno porque se suicidan. El placer no puede liberar de la soledad.

¿Cómo podemos librarnos de esa alienación? Sólo hay una manera, que consiste en llamar a Dios "Padre". Aunque en este mundo todos nos abandonen, nuestro Padre no nos abandona. Aunque algunos padres terrenales pueden abandonar a sus hijos que no quieren o no pueden cuidar, nuestro Padre no nos abandona. La Biblia

Amados hermanos míos, no erréis. Toda buena dádiva y todo don perfecto desciende de lo alto, del Padre de las luces, en el cual no hay mudanza, ni sombra de variación. El, de su voluntad, nos hizo nacer por la palabra de verdad, para que seamos primicias de sus criaturas.

Santiago 1:16-18

Porque irrevocables son los dones y el llamamiento de Dios.

Romanos 11:29

No te desampararé ni te dejaré.

Hebreos 13:5

El Espíritu Santo es el Consolador que el Padre ha enviado para que nos ayude. El siempre está con nosotros. El Espíritu Santo conoce nuestras debilidades y nos ayuda. El sabe aun lo que nosotros no sabemos, e "intercede por nosotros con gemidos indecibles" (Romanos 8:26).

El mundo no ve, ni conoce, ni recibe al Espíritu Santo; pero nosotros lo conocemos y moramos con El, y comprendemos que El está dentro de nosotros (vea Juan 14:17).

Cuando oramos en voz alta: "Padre nuestro que estás en los cielos", la soledad y el sentimiento de abandono huyen de nuestro corazón. Comenzamos a buscar un sentido más profundo de la vida. Llegamos a estar libres del egoísmo. No miramos hacia otra parte para encontrar gozo mundanal. Procuramos ser hermanos, luchamos para reducir el aislamiento en las situaciones de los demás. Amamos a nuestro prójimo. Si Dios llega a ser nuestro Padre, lo que hemos mencionado son las maravillosas cosas que ocurrirán.

Santificado sea tu nombre

¿Qué clase de vida debemos practicar, como hijos de Dios? Jesús nos enseña que debemos orar: "Santificado sea tu nombre." Los hijos honran a sus padres o los avergüenzan. Jesucristo nos exhorta a que vivamos de tal manera que el nombre de Dios sea santificado.

Podemos santificar el nombre de Dios sirviéndole y adorándolo. La Biblia dice que Dios nos hizo sacerdotes: "Mas vosotros sois linaje escogido, real sacerdocio, nación santa, pueblo adquirido por Dios, para que anunciéis las virtudes de aquel que os llamó de las tinieblas a su luz admirable" (1 Pedro 2:9).

Si hemos llegado a ser sacerdotes, debemos ofrecer sacrificios a Dios; sacrificios de acción de gracias, que honren a Dios (Salmo 50:23). También debemos ofrecer alabanzas. En Hebreos 13:15 y 16 leemos: "Así que, ofrezcamos siempre a Dios, por medio de él, sacrificio de alabanza, es decir, fruto de labios que confiesen su nombre. Y de hacer bien y de la ayuda mutua no os olvidéis; porque de tales sacrificios se agrada Dios."

Cuando amamos a otras personas, ofrecemos un sacrificio en el cual el nombre de nuestro Dios es santificado. Aunque Cornelio era un gentil, daba generosamente a los que tenían necesidad. Mientras oraba, un ángel de Dios le apareció y reconoció que las oraciones y limosnas de Cornelio habían llegado para memoria delante de Dios (vea Hechos 10:4).

De igual manera, debemos ofrecer sacrificios de cosas materiales. Pablo reconoció eso cuando dijo: "Pero todo lo he recibido, y tengo en abundancia; estoy lleno, habiendo recibido de Epafrodito lo que enviasteis; olor fragante, sacrificio acepto, agradable a Dios" (Filipenses 4:18).

Finalmente, honramos a nuestro Padre cuando ofrecemos un sacrificio vivo: "Así que, hermanos, os ruego por las misericordias de Dios, que presentéis vuestros cuerpos en sacrificio vivo, santo, agradable a Dios, que es vuestro culto racional" (Romanos 12:1).

¿Cómo podemos presentar nuestro cuerpo en sacrificio vivo? Debemos abstenernos de cosas como la embriaguez, la lascivia, la crueldad y el libertinaje. Nuestro cuerpo es el templo santo en el cual mora Dios (1 Corintios 3:16, 17).

Cuando como sacerdotes practicamos una vida de sacrificio para nuestro Padre, El recibe la gloria y se regocija su corazón. Como resultado de nuestra obediencia, su nombre es santificado por otros que ven su obra en nuestra vida.

También santificamos el nombre de Dios cuando vivimos con autoridad y la usamos. Si llamamos a Dios "Padre", mientras aun le tememos al diablo y estamos encadenados por él, de esa manera hacemos que Dios se avergüence de nosotros.

Si hemos llegado a ser hijos de Dios, estamos libres de esclavitud: "Estad, pues, firmes en la libertad con que Cristo nos hizo libres, y no estéis otra vez sujetos al yugo de esclavitud" (Gálatas 5:1). "Someteos, pues, a Dios; resistid al diablo, y huirá de vosotros" (Santiago 4:7). Los hijos de Dios tienen el privilegio de resistir al diablo. Esa es su responsabilidad.

Dios es santo. Aunque de ningún modo podemos agregar nada a su santidad, como hijos de El tenemos el deber de glorificar a nuestro

Padre santo. Tenemos que hacer que el mundo reconozca la santidad de Dios mediante nuestro servicio de adoración. Pero aun más, nuestra vida debe ser una continua adoración, ofrecida a Dios día y noche. Mediante nuestras obras y palabras, el mundo conocerá la santidad de nuestro Padre. Los hombres glorificarán el nombre de Dios cuando vean la autoridad que tenemos para oponernos al diablo y capturarlo.

Padre nuestro que estás en los cielos, santificado sea tu sagrado y buen nombre.

Esa es la clave de nuestra oración. Si nuestros pensamientos con relación a Dios son correctos, las otras partes de nuestra oración fluirán y se cumplirán, como el agua corre por una tubería.

2
Venga tu reino

La segunda oración que Jesús nos enseñó fue la siguiente: "Venga tu reino. Hágase tu voluntad, como en el cielo, así también en la tierra." Cuando Dios llega a ser nuestro Padre, nosotros llegamos a ser el pueblo del reino de Dios. Como tal, debemos orar que su reino permanezca firme. ¿Qué es el reino de Dios? Es el lugar donde se cumple su soberanía.

Al considerar esos principios con respecto a la oración, hagamos que nuestros pensamientos coincidan con las palabras de Dios con relación a su reino y voluntad que debe cumplirse sobre esta tierra.

La caída de nuestro planeta Tierra

Casi todos los días los periódicos aparecen con titulares relacionados con horribles delitos internacionales. Otras veces anuncian los sucesos de la ciudad. La corrupción económica produce millones de dólares en pérdidas. Hay informes sobre homicidios brutales, asaltantes en ascensores, conductores que atropellan a otras personas y se dan a la fuga, contaminación en los alimentos mediante el uso de productos químicos para la agricultura y mercancía falsificada. Esos informes diarios hacen que nos sintamos como si estuviéramos andando sobre una capa de hielo. Recientemente una joven me envió una carta llena de preguntas: "¿Por qué Dios hizo un mundo como este? ¿Por qué permanece indiferente con respecto a todas estas cosas?"

Puedo asegurar que el mundo que Dios hizo en el principio no fue así. Génesis describe un mundo que era totalmente diferente del mundo de hoy. Después que Dios creó el cielo y la tierra (Génesis 1:1), Lucifer, quien había sido uno de los querubines de Dios, se rebeló contra El con la intención de ser igual a Dios. Como resultado, el mundo fue juzgado y cayó en el caos: quedó vacío y lleno de tinieblas (Génesis 1:2). De tal caos Dios recreó en siete días el mundo actual.

Imagínese usted el proceso por el cual Dios creó los cielos y la tierra. El primer día, cuando Dios dijo: "Sea la luz", una luz resplandeciente vino sobre la tierra como la mañana cuando acaba de terminar la lluvia primaveral. El segundo día, Dios creó el insondable cielo. El tercer día, Dios separó las aguas de la tierra. El mismo día, la tierra se cubrió de toda clase de plantas.

El siguiente día, Dios creó el Sol, y la Luna y las estrellas. Y cuando Dios dijo: "Produzcan las aguas seres vivientes, y aves que vuelen sobre la tierra, en la abierta expansión de los cielos" (Génesis 1:20), el mundo se llenó de toda clase de seres vivientes. El sexto día, último de su creación, Dios creó al hombre y a la mujer a su imagen, y les dio autoridad para gobernar sobre el mundo que El había creado, un mundo grande y hermoso donde había orden en vez de desorden, luz en vez de tinieblas, vida en vez de muerte, abundancia en vez de pobreza, esperanza en vez de desesperación. En ese tiempo el más fuerte no dominaba al más débil.

El huerto de Edén que Dios había plantado para Adán y Eva también era un mundo ordenado y hermoso, lleno de vitalidad, con todo lo que era necesario para satisfacer toda clase de necesidades humanas. Aun el fruto que colgaba de las ramas de los árboles era agradable a la vista y bueno para comer.

Tal fue el mundo que Dios creó. Lamentablemente tal mundo ya no existe, porque Adán y Eva fueron echados del huerto de Edén, a causa de su pecado. Tan pronto como Adán y Eva pecaron, la confusión, el caos, la violencia y la desesperación entraron en el mundo. Pablo describe lo que ocurrió:

> Y como ellos no aprobaron tener en cuenta a Dios, Dios los entregó a una mente reprobada, para hacer cosas que no convienen; estando atestados de toda injusticia, fornicación, perversidad, avaricia, maldad; llenos de envidia, homicidios, contiendas, engaños y malignidades; murmuradores, detractores, aborrecedores de Dios, injuriosos, soberbios, altivos, inventores de males, desobedientes a los padres, necios, desleales, sin afecto na-

tural, implacables, sin misericordia; quienes habiendo entendido el juicio de Dios, que los que practican tales cosas son dignos de muerte, no sólo las hacen, sino que también se complacen con los que las practican.

Romanos 1:28-32

¿Por qué ocurrieron esas cosas? La humanidad no quiso tener en cuenta a Dios. Cuando Dios hizo al hombre, corrió un gran riesgo. El hacer al hombre a su imagen y semejanza implicó dotarlo de libre albedrío, con el cual Adán y Eva podían aceptar a Dios o abandonarlo.

Dios quiere recibir la gloria y la adoración; pero no quiere que lo adoremos de una forma mecánica como un títere. Esa adoración no se ofrece en espíritu y en verdad. La acción de gracias y la alabanza se convierten en hipocresía cuando no se ofrecen de una manera voluntaria.

Por amor, Dios le dio a la humanidad el libre albedrío para que lo adorara a El. Los que se aman se respetan mutuamente. No imponen su propia voluntad sobre el otro.

Cuando Adán y Eva fueron tentados por Satanás, se negaron a adorar a Dios y no quisieron que El estuviera en el corazón de ellos. Por causa de esa cualidad fundamental de la libre voluntad, aun Dios no podía cambiar la decisión del hombre. Los hombres y las mujeres perdieron a Dios, y Satanás tomó el lugar de Dios en el corazón humano. Satanás comenzó a controlar los pensamientos, las palabras y la obras de ellos. Su disposición para desobedecer a Dios se reflejó en los deseos de sus corazones. Por tanto, el dominio de Satanás sobre ellos era natural.

Cuando Satanás comenzó su reinado sobre este mundo, éste se convirtió en un lugar miserable, doloroso. Satanás viene para hurtar, matar, y destruir (Juan 10:10). Satanás se acerca a nosotros y nos roba la imagen divina. Mata el espíritu, el alma y el cuerpo para que podamos caer en destrucción: juicio eterno y tormento. Por lo tanto, este mundo en que vivimos con profundo gemido llegó a ser así por el hecho de que la humanidad lo ha convertido en un caos, mediante la obra de Satanás; este no es el mundo que Dios creó.

El Espíritu Santo dice claramente por medio del apóstol Pablo que este mundo llegará a ser cada vez más perverso en los últimos días.

> También debes saber esto: que en los postreros días vendrán tiempos peligrosos. Porque habrá hombres amadores de sí mismo, avaros, vanagloriosos, soberbios, blasfemos, desobedientes a los padres, ingratos, impíos, sin afecto natural, implacables, calumniadores, intemperantes, crueles, aborrecedores de lo bueno, traidores, impetuosos, infatuados, amadores de los deleites más que de Dios, que tendrán apariencia de piedad, pero negarán la eficacia de ella; a éstos evita.
>
> 2 Timoteo 3:1-5

Dios, quien prevé lo futuro, nos advierte que nos apartemos de tal perverso estado de caos. Ahora comprendemos cuál es la destrucción que Satanás ha realizado. ¿Pero este mundo continuará para siempre bajo del dominio de Satanás? ¿El mundo que vemos en las páginas del periódico es el destino final de la humanidad?

El reino de Dios

El reino de Dios no es una institución ni una organización visible. Por más moral que un estado pueda ser, no puede llegar a ser el reino de Dios. El reino de Dios es completamente diferente: un reino espiritual en el cual Dios gobierna, controla, dirige el destino de las naciones y de los individuos. Dios restaura este mundo, nos rescata a nosotros, quienes fuimos hechos a su imagen. Este es un estado en el cual Dios llega a ser nuestro Padre y nos da todas las bendiciones que El prepara para nosotros. Es un reino en el cual adoramos a Dios, alabamos su santo nombre, y presentamos ante El las peticiones que tengamos en nuestro corazón. Jesús enseñó a sus discípulos que ellos debían pedir que el reino de Dios venga.

Jesús enseñó lo relativo del reino

Jesús llegó a ser hombre para traer el reino de Dios a esta tierra. Así como las fuerzas aliadas aterrizaron en Normandía para libertar a Europa de la ocupación de la Alemania nazi, Jesús se hizo carne y vino a este mundo para libertar a la humanidad de la tiranía de Satanás. El vino a este mundo donde Satanás reinaba para poder construir, completar y extender su reino.

Jesús nos enseñó muchas cosas acerca del reino de Dios. Analicemos cinco características del reino tal como se encuentra en sus enseñanzas y acciones.

1. *El reino de Dios es un reino en el cual no hay pecado.* Jesús predicó: "Arrepentíos porque el reino de los cielos se ha acercado" (Mateo 4:17). Como Dios es justo y santo, nadie puede entrar en el reino de los cielos en un estado pecaminoso. El reino de Dios no puede venir a un individuo, a menos que primero se le perdonen los pecados y sea justificado delante de Dios. Jesús dijo que tenemos que arrepentirnos para que nuestros pecados sean perdonados.

Dios aún permite que la humanidad ejerza su libre albedrío para decidir. Dios nos constriñe al arrepentimiento, pero no nos amenaza. Hasta el último momento, Jesús instó a Judas Iscariote para que se arrepintiera. Sin embargo, Judas endureció su corazón y fue a la perdición.

Jesús aún manda que nos arrepintamos para que podamos llegar a ser ciudadanos del reino de los cielos. El arrepentimiento es una decisión definida de apartarnos completamente del pecado y obedecer la voluntad de Dios. Si decidimos arrepentirnos, el Espíritu Santo nos hará recordar todos los pecados que hayamos cometido de manera consciente o inconsciente, y nos ayudará a que nos arrepintamos con nuestros labios. La Biblia dice claramente: "Os digo que así habrá más gozo en el cielo por un pecador que se arrepiente, que por noventa y nueve justos que no necesitan arrepentimiento" (Lucas 15:7). Los ángeles se regocijan por el hecho de que el reino de los cielos viene a una persona que se arrepiente. No podemos entrar en el reino de los cielos a menos que estemos limpios de la perversidad, de la corrupción, de la injusticia, y de la confusión. Por tanto, el arrepentimiento es un requisito previo para que el reino de Dios se haga presente en el individuo. Si nos arrepentimos de nuestros pecados y recibimos el perdón, ya no seremos atormentados más por una conciencia culpable, producida por la mayor arma de que dispone Satanás: la acusación.

2. *El reino que Jesús trajo fue un reino de sanidad.* Mateo dice:

> Y recorrió Jesús toda Galilea, enseñando en las sinagogas de ellos, y predicando el evangelio del reino, y sanando toda enfermedad y toda dolencia en el pueblo. Y se difundió su fama por toda Siria; y le trajeron todos los que tenían dolencias, los afligidos por diversas enfermedades y tormentos, los endemoniados, lunáticos y paralíticos; y los sanó. Y le siguió mucha gente de Galilea, de Decápolis, de Jerusalén, de Judea y del otro lado del Jordán.
>
> Mateo 4:23-25

Mientras Jesús estaba predicando las buenas nuevas del reino de Dios, sanó a toda clase de personas enfermas como señal y prueba de su reino. ¿De dónde vino la enfermedad? La muerte vino como la paga para el pecado de Adán y Eva, y la mortalidad hizo que la humanidad quedara sujeta a la enfermedad. Satanás también hizo que los desequilibrios mentales y toda clase de enfermedades vinieran sobre la raza humana.

Dios quiso perdonarnos nuestros pecados y capacitarnos para trabajar en favor de su reino con un cuerpo sano, libre de enfermedades. Dondequiera que se predica la Palabra de Dios y hay arrepentimiento, como consecuencia debe haber sanidad.

Mientras Juan el Bautista estaba en la cárcel, envió a sus discípulos para que le hicieran una pregunta a Jesús: "¿Eres tú aquel que había de venir, o esperaremos a otro?" (Mateo 11:3)

Por supuesto que Juan sabía muy bien que el Hijo de Dios habría de liberar a los hombres del pecado. Como la prueba más segura de que había venido para establecer el reino de Dios, Jesús respondió: "Id, y haced saber a Juan las cosas que oís y veis. Los ciegos ven, los cojos andan, los leprosos son limpiados, los sordos oyen, los muertos son resucitados, y a los pobres es anunciado el evangelio" (Mateo 11:4, 5).

Jesús dijo claramente que la sanidad era una señal de la venida del reino de Dios a la tierra.

3. *Cuando Jesús predicaba las buenas nuevas del reino de los cielos, salían los espíritus inmundos.* Los malos espíritus de Satanás nunca pueden tener parte en el reino de los cielos; fueron echados de la presencia de Dios el día que se rebelaron contra El. Después que fueron echados del reino de Dios, quedaron con poder en el aire.

Cuando los líderes judíos consideraron que era una falta que Jesús echara fuera espíritus inmundos, El respondió: "Mas si por el dedo de Dios echo yo fuera los demonios, ciertamente el reino de Dios ha llegado a vosotros" (Lucas 11:20).

Jesús echó fuera los malos espíritus dondequiera que El vio que había personas oprimidas por ellos. Los demonios sencillamente no podían resistir su presencia. Cuando Jesús envió a sus discípulos a predicar, les dio autoridad para echar fuera demonios (Lucas 10:17-20); Jesús también dijo que la capacidad para echar fuera demonios sería una señal que seguiría a aquellos que creen (Mateo 16:17).

Hasta el día de hoy, donde se predican las buenas nuevas del reino de Dios, en el nombre de Jesús deben echarse fuera los demonios.

4. *El reino de los cielos que Jesús trajo a la tierra abrió el camino para que entráramos por fe en la vida eterna.* "Y como Moisés levantó la serpiente en el desierto, así es necesario que el Hijo del Hombre sea levantado, para que todo aquel que en El cree, no se pierda, mas tenga vida eterna" (Juan 3:14, 15).

Nadie puede salvarse mediante sus obras de justicia. No hay nadie que esté calificado para presentarse delante de Dios mediante los méritos de sus obras. Pero sin tener en cuenta la diferencia de sexo, edad y posesión, cualquiera que acuda a Jesús, crea en El como Salvador, y lo confiese verbalmente, recibe gratuitamente remisión de pecados y vida eterna. Jesús dijo: "Y esta es la voluntad del que me ha enviado: Que todo aquel que ve al Hijo, y cree en él, tiene vida eterna, y yo le resucitaré en el día postrero" (Juan 6:40).

En el reino de los cielos hay vida eterna. Los que lleguen a ser ciudadanos del reino reciben esa vida eterna, la vida de Dios que es la seguridad de la salvación.

El reino de los cielos establecido en la tierra

Jesús no sólo nos enseñó lo que es el reino de Dios; El fue crucificado para asegurar que el reino durará entre nosotros para siempre. Mediante su crucifixión, Jesús sembró las semillas del reino de Dios —vida eterna, gozo, esperanza y abundancia— en el reino de Satanás, una tierra llena de maldiciones. Cristo dijo: "Fuego vine a echar en la tierra; ¿y qué quiero, si ya se ha encendido?" (Lucas 12:49).

El reino de Dios, que anhelamos ver en esta tierra, comenzó a ser establecido cuando Jesús murió en la cruz. El reino de Dios ha sido firmemente edificado sobre la cruz y las obras de Dios. ¿Cómo comenzó la muerte de Jesús en la cruz a establecer el reino de Dios sobre la tierra?

La muerte de Jesús pagó el precio de nuestros pecados. Mientras el inmaculado Jesús colgaba en la cruz, voluntariamente derramó su sangre, la única sangre que tenía poder para redimir los pecados de todo aquel que arrepentido acude a El.

En segundo lugar, Jesús llevó nuestras enfermedades mediante las heridas que soportó. La Biblia dice que somos sanados por las heridas de Jesús (1 Pedro 2:24).

En tercer lugar, con su muerte en la cruz y su resurrección, Jesús volvió a ganar su derecho sobre este mundo, el cual había quedado en poder de Satanás cuando Adán y Eva pecaron.

Además, al llevar la corona de espinas en el Calvario, Jesús quitó la maldición de nuestra pobreza y nos dio el derecho de recibir bendiciones.

Y por último, la sangre de Jesús y su carne destrozada llegaron a ser el medio por el cual somos conducidos a la vida eterna.

Mediante su muerte y resurrección, Jesús estableció el reino de Dios en esta tierra. Cuando El regresó a su Padre, un sucesor vino a extender su reino: el Espíritu Santo.

> Cuando llegó el día de Pentecostés, estaban todos unánimes juntos. Y de repente vino del cielo un estruendo como de un viento recio que soplaba, el cual llenó toda la casa donde estaban sentados; y se les aparecieron lenguas repartidas, como de fuego, asentándose sobre cada uno de ellos. Y fueron todos llenos del Espíritu Santo, y comenzaron a hablar en otras lenguas, según el Espíritu les daba que hablasen.
>
> Hechos 2:1-4

El Espíritu Santo vino a ayudarnos, y está aquí hoy. El está cerca para cuidar la semilla celestial que Jesús sembró. El garantiza que crezca bien y dé fruto. El viene y nos enseña la verdad. Trae a nuestra memoria todo lo que Jesús dijo y nos guía a dar los pasos correctos para que podamos vivir según la Palabra de Dios.

Así que el Espíritu Santo obra para la expansión del reino de Dios en la tierra. El Espíritu Santo también obra por medio de nosotros para aumentar el número de personas en el reino. Por el hecho de que tenemos el Espíritu Santo en nosotros, llegamos a ser los soldados de fe que luchamos una guerra santa, cuya victoria ya ha sido asegurada. Mediante esa guerra santa, el reino de los cielos está floreciendo cada día más.

¿Dónde está, entonces, el reino de los cielos que Jesús estableció en la tierra?

El reino de los cielos está en nuestro corazón

> Preguntado por los fariseos, cuándo había de venir el reino de Dios, les respondió y dijo: El reino de Dios no vendrá con advertencia, ni dirán: Helo aquí, o helo allí; porque he aquí el reino de Dios está entre vosotros.
>
> Lucas 17:20, 21

Jesús repetidamente predicó las buenas nuevas del reino de los cielos. Su propósito era el de enseñar al pueblo lo que es el reino de Dios y hacer que ellos fueran ciudadanos del reino. Un día los fariseos le preguntaron cuándo habría de venir el reino de Dios. Ellos aún tenían la falsa esperanza de que el reino de Dios vendría en la forma de una nación a este mundo. Pero Jesús les dijo: "El reino de Dios está entre vosotros." Cuando aceptamos en nuestro corazón a Jesús como Salvador, y le confesamos con nuestra boca,

El Espíritu Santo implanta una seguridad en nuestro corazón. El Espíritu Santo mora en nuestro cuerpo y lo hace templo de Dios, y a partir de ese momento estamos bajo el gobierno de Dios nuestro Padre. Este lugar interno donde Dios gobierna es precisamente el lugar donde está establecido el reino de Dios.

Somos nuevas criaturas: "De modo que si alguno está en Cristo, nueva criatura es; las cosas viejas pasaron; he aquí todas son hechas nuevas" (2 Corintios 5:17). Varias veces Jesús comparó el reino de Dios con el proceso mediante el cual crecen las semillas hasta convertirse en plantas. Cuando el reino de los cielos o reino de Dios viene a nuestro corazón, comienza a crecer mediante nuestros pensamientos. Por lo tanto, nuestra fe y nuestros pensamientos deben crecer hasta que lleguen a ser la fe y los pensamientos de Dios. Tal crecimiento debe continuar hasta que nos encontremos con Jesús cara a cara.

La Biblia dice: "Y a aquel que es poderoso para hacer todas las cosas mucho más abundantemente de lo que pedimos o entendemos, según el poder que actúa en nosotros" (Efesios 3:20). Si nuestros pensamientos llegan a ser los pensamientos de Dios, podemos ver que la mano de Dios realiza las cosas. Todos los días podemos ganar victorias en nuestra vida y destruir a Satanás, quien tiene el poder del aire que rodea a este mundo (1 Juan 4:4).

Así que el reino de los cielos existe en nuestro corazón por medio de Jesucristo y el poder del Espíritu Santo. Aunque vivamos en este mundo lleno de caos, vacuidad y tinieblas, ha brotado un nuevo mundo en nuestro corazón. Ha venido un nuevo reino. Las características del reino de Dios, del cual Jesús predicó y que El estableció al morir en la cruz, realmente se están manifestando en nuestra vida. Nuestros pecados nos son perdonados. Somos sanados. Los demonios son echados fuera de nosotros. Somos liberados de la pobreza. Somos librados de la maldición y hemos recibido vida eterna mediante la fe.

Cuando esas cosas ocurren en nuestra vida, damos pruebas de que el reino de Dios está en nosotros. Tales señales seguirán a los que creen en Jesucristo y lo confiesan con sus bocas.

Pero es lamentable que muchas personas sólo entran en el recinto de la iglesia, sin saber ni entender el nuevo mundo que está en sus corazones; tampoco tratan de creerlo. No conocen esta gracia y este privilegio: el nuevo orden, el nuevo poder y el nuevo mundo que viene cuando llamamos "Padre" a Dios. "Mi pueblo fue destruido porque le faltó conocimiento" (Oseas 4:6). Estas palabras de Oseas se refieren a tal ocasión. Jesús también las dijo a los israelitas que no conocían la verdad: ". . . y conoceréis la verdad, y la verdad os hará libres" (Juan 8:32).

Muchas personas, cuando piensan en asistir a la iglesia, eligen el lugar más apropiado para ponerse en contacto con la religión. Piensan que la iglesia es el lugar donde se puede oír las lecciones acerca de los grandes hombres del pasado, cultivar el aspecto moral de la vida o hallar una norma ética que puedan aplicar a su vida.

Sin embargo, nuestra fe en Cristo no es una religión. Tampoco es una cultura ni una moralidad. ¡Es una experiencia con Jesucristo! Es algo nuevo que sucede en nuestro corazón. Es un acontecimiento extraordinario en el cual Dios, el Creador de los cielos y de la tierra, nos compra con la sangre inmaculada de Jesucristo y establece en nosotros su reino.

Cuando somos el pueblo de Dios ya no necesitamos sufrir los dolores de la conciencia culpable a causa del pecado. No tenemos que estar oprimidos por Satanás ni en esclavitud a él. Puesto que el reino de Dios está en nuestro corazón, tenemos el derecho de disfrutar del privilegio del reino. La Biblia nos exhorta con urgencia: "Estad, pues, firmes en la libertad con que Cristo nos hizo libres, y no estéis otra vez sujetos al yugo de esclavitud" (Gálatas 5:1). Ya no tenemos que contemporizar con el pecado.

Cuando usted ora: "Venga tu reino", recuerde que Dios toma posesión de nuestro corazón. Recuerde también que esta oración exige completa dedicación de su corazón a Dios. Esta oración es el pronunciamiento de su obediencia a Dios el Padre. Mediante esa oración, usted recibe la comisión de predicar el reino de Dios que ha de venir. El método más eficaz para cumplir esta comisión consiste en disfrutar el privilegio del reino y vivirlo diariamente.

Oración para que se haga la voluntad de Dios

No es suficiente que el reino de Dios esté en nosotros. El reino de Dios debe cumplirse y ser evidente en la vida, en la familia y en el ambiente en que se encuentran los ciudadanos de ese reino.

Dios quiere que la humanidad sea redimida. El quiere liberarla de la triple caída: del espíritu, del alma y del cuerpo; mediante la triple obra de Jesús: su crucifixión, su muerte y su resurrección. Antes de la fundación del mundo, Dios se había propuesto eso por medio de Jesucristo, y a través de la historia, El había manifestado su promesa a la humanidad hasta que finalmente Jesús vino a esta tierra; y su cuerpo fue concebido en el cuerpo de la virgen María.

Cuando eso ocurrió, los ángeles del cielo y los profetas del Señor ya conocían la voluntad divina. Cuando se cumplió esa voluntad, las huestes del cielo cantaron: "¡Gloria a Dios en las alturas. Y en la tierra paz, buena voluntad para con los hombres!" (Lucas 2:14). Esa voluntad divina que se cumplió mediante la venida de Jesús a este mundo, le dio la gloria a Dios y trajo la paz al mundo.

¿Cuál es la correcta actitud que debemos tener para que se haga en la tierra la voluntad de Dios de redimir y perdonar a la humanidad, y de bendecir el alma y el cuerpo y el ambiente de las personas?

Debemos pensar como Dios: de manera positiva, creativa y redentora. Desde el principio hasta el fin, la Biblia, la revelación divina dada mediante los escritos humanos, está llena de tales patrones de pensamiento. Algunos versículos bíblicos pudieran tener apariencia de tontos para nuestros pensamientos humanos. Sin embargo, la Biblia dice: "Porque lo insensato de Dios es más sabio que los hombres" (1 Corintios 1:25).

En nuestra mente podemos poner en movimiento la obra del reino. En el lienzo de nuestra mente podemos pintar cuadros relacionados con cosas que no existen. En Proverbios leemos: "Sin profecía el pueblo se desenfrena" (29:18). Podemos imaginarnos lo que sucederá cuando la voluntad divina se haga en la tierra: "Y en los postreros días, dice Dios, derramaré de mi Espíritu sobre toda carne, y vuestros hijos y vuestras hijas profetizarán; vuestros jóvenes verán visiones, y vuestros ancianos soñarán sueños" (Hechos 2:17).

Después que comenzamos a pensar de una manera positiva, creadora, redentora, debemos soñar en lo que podemos llegar a ser en Cristo. Los que entre nosotros están enfermos deben soñar con la buena salud. Los pobres deben soñar con tener abundancia. Los que tengan familias que no estén de acuerdo con ellos deben soñar con ver la paz y la armonía. Mediante el poder del Espíritu Santo, realmente llegarán a ver esa realidad. Tales "sueños" nacen en nuestro corazón por medio del Espíritu Santo.

Basados en Hebreos 11:3, ". . . lo que se ve fue hecho de los que no se veía", debemos ver las cosas que no son visibles; debemos pensar en las cosas que no se ven; debemos soñar en cuadros que representan situaciones que no son visibles. El que no puede albergar sueños claros con respecto al día de mañana en su corazón, no puede crear nada. Por medio de tal persona no puede hacerse la voluntad de Dios en la tierra.

Tan pronto como hayamos pintado en el lienzo de nuestra mente aquellas cosas invisibles, debemos arrodillarnos delante de Dios y pedirle con fe hasta que tengamos la seguridad de que nuestros sueños se conviertan en realidad. Debemos orar y ayunar, y clamar: "Oh Dios, permíteme que este sueño de mi corazón se cumpla mediante el poder del reino de Dios. Destruye todos los obstáculos que presenta Satanás." Cuando clamamos a Dios y oramos, el temor y la preocupación pronto desaparecerán y la fe sobrenatural entrará con una seguridad abundante. Leemos en Hebreos 11:1: "Es, pues, la fe la certeza de lo que se espera, la convicción de lo que no se ve." La palabra griega que se tradujo "certeza" tiene dos significados: un estribo, o un refuerzo en el cimiento y un título de propiedad. La fe es el soporte de lo que esperamos y deseamos. A menos que el refuerzo en el cimiento sea suficientemente fuerte, no podemos colocar nada encima. Este refuerzo en el cimiento viene mediante la seguridad que hay en nuestro corazón cuando oramos. La certeza es también como el título de propiedad de una tierra o una casa, que certifica que somos los propietarios. Cuando oramos fervientemente y con un ardiente deseo y una clara meta, tenemos seguridad y paz mental porque confiamos que la respuesta de Dios está en camino.

Pero el paso clave para que se haga la voluntad de Dios en nuestra vida consiste en la acción de gracias. Dios dijo que El mostrará su mano de salvación a aquellos que le ofrecen sacrificio de acción de gracias y alabanza. Las semillas de la fe se siembran en el terreno de la acción de gracias.

Por último, para ver que la voluntad de Dios se haga en la tierra, debemos esperar un milagro.

Habrá tiempos en que tengamos que pasar por aguas profundas o tengamos que pasar por el fuego de la prueba. También habrá tiempos en que esperar un milagro significará subir a una montaña. Pero siempre tenemos que dar el primer paso. Ni siquiera el Espíritu Santo puede comenzar a obrar, a menos que no comencemos a andar por fe. Cuando lo hagamos, el Espíritu Santo estará con nosotros y finalmente ganaremos la victoria. Las personas que nos rodean verán el maravilloso cumplimiento de la voluntad divina y le darán la gloria a Dios.

Al hacer coincidir sus pensamientos con respecto al reino y a la voluntad de Dios, con los pensamientos de Jesús, mientras usted sale por fe a lograr los sueños que Dios ha puesto en su corazón, el reino de Dios se manifestará y comenzará en su corazón; luego en su familia y después en su prójimo. Algún día el nuevo cielo eterno y la nueva tierra que están preparados para usted se manifestarán en el fulgor de la gloria.

3
Dánoslo hoy

Cuando Jesús enseñó a sus discípulos a orar, colocó las cosas en orden apropiado. Dijo que ellos, y nosotros, debemos primero llamar a nuestro buen Dios "Padre nuestro". Dijo que debemos orar para que el nombre de Dios sea santificado, para que el poder soberano del reino de Dios venga y que su voluntad se haga en la tierra. Cuando nuestra postura y nuestra relación con Dios lleguen a estar correctas en la forma expuesta, podemos pedir las bendiciones: nuestro pan cotidiano. Si no estamos en correcta relación con Dios, si no podemos llamar "Padre" a Dios, ni creer que El es nuestro Padre, es inútil pedir nuestro pan cotidiano.

Los problemas de mayor preocupación para los seres humanos se relacionan con el alimento, la ropa y la vivienda. La meta final de todas las ideologías políticas consiste en resolver esos problemas. ¿Qué cree usted que piensa Dios acerca de esas necesidades?

Dios quiere darnos nuestro pan cotidiano. Este es un término que no se refiere simplemente a los panes que se hacen con harina. Es más amplio. Incluye todas las cosas necesarias que tenemos en mente cuando hablamos de ganar la vida. Para poder ganar nuestro pan cotidiano, tenemos que desempeñar un trabajo. Para conseguir un trabajo, uno tiene que recibir la preparación necesaria. Uno también necesita una casa para descansar y las comodidades para la vida diaria.

Pedir nuestro pan cotidiano implica todas las peticiones relacionadas con nuestras necesidades.

¿Cuál es el pensamiento correcto que debemos tener cuando pedimos nuestro pan cotidiano? Si nos ponemos en sintonía con la mente de Dios, esta oración que Jesús nos enseñó será respondida.

Dios se preocupa por el mundo físico

Muchas personas dicen que Dios no se preocupa por las cosas materiales. Algunos incluso afirman que debemos pedir cosas espirituales, pero no debemos pedir que se satisfagan nuestras necesidades materiales.

¿Pero es Dios indiferente al mundo físico? No, de ninguna manera. Dios preparó el mundo físico aun antes de que creara al hombre y a la mujer, para que Adán y Eva no tuvieran que preocuparse acerca de lo que comerían, lo que vestirían o lo que beberían.

Cuando me encontraba predicando una serie de mensajes de avivamiento en un pequeño pueblo de Inglaterra, acepté una invitación para ir a un hogar donde descansé y luego participé en una comida especial. Tan pronto como me senté a comer, la anfitriona compartió su historia. Con lágrimas en los ojos dijo:

—Pastor Cho, hay una razón por la cual lo he invitado a mi hogar. Tenemos un gran problema. A pesar del doloroso esfuerzo que hemos hecho para vivir bien, hemos fracasado en todos los negocios que hemos emprendido, y ahora tenemos una inmensa deuda. Aunque hemos orado mucho, no hay respuesta. Hemos perdido nuestro apetito por causa de la preocupación; no podemos dormir tranquilamente. ¿Por qué estamos debiendo a pesar de nuestro duro esfuerzo para vivir bien? ¿Qué es lo que pasa? Incluso hemos puesto a la venta nuestra casa. Teníamos la intención de pagar la deuda con el dinero que obtuviéramos con la venta, pero no se ha presentado ningún comprador. Las cosas están empeorando cada día más.

Mientras oía su historia, fácilmente pude comprender por qué ella no estaba recibiendo las bendiciones de Dios. Desde el principio hasta el fin de su conversación, las palabras que hablaba estaban llenas de resentimientos, quejas y lamentos expresados con suspiros. Hablaba con incredulidad; no expresaba palabras positivas y creadoras de fe.

Ella sabía poco acerca de Dios el Padre. En vez de afirmarse sobre la fe en la Palabra de Dios, estaba confiando en sus sentidos. Cuando las circunstancias se presentaban buenas, ella se sentía feliz; cuando las circunstancias eran desfavorables, ella se sentía infeliz. Ella no había llegado a la fe que podía cambiar su destino, que podía crear un nuevo ambiente con un nuevo espíritu agresivo y positivo. Ella no tenía una esperanza que se mantuviera firme aunque no tuviera evidencia de ayuda. Yo le dije:

—Hermana, vamos a estudiar la Biblia hasta que regrese a casa su esposo.

A petición mía, ella leyó Génesis 1:2-4:

Y la tierra estaba desordenada y vacía, y las tinieblas estaban sobre la faz del abismo, y el Espíritu de Dios se movía sobre las aguas. Y dijo Dios: Sea la luz; y fue la luz. Y vio Dios que la luz era buena; y separó Dios la luz de las tinieblas.

—Hermana —le dije—, ¿no le parece un poco extraño lo que dice la Biblia?

—No —contestó ella.

—¿No le parece que crear la luz era una tarea demasiado grande para Dios solo, sin la ayuda de Adán y Eva? ¿No era demasiado para El?

Muy seria leyó las palabras otra vez.

—No, pero ¿no es algo extraño que Dios hiciera la luz sin la ayuda de Adán y Eva? El siguiente día tal vez Dios buscó ayuda. Adelante, vea los versículos 6-8.

Luego dijo Dios: Haya expansión en medio de las aguas, y separe las aguas de las aguas. E hizo Dios la expansión, y separó las aguas que estaban debajo de la expansión, de las aguas que estaban sobre la expansión. Y fue así. Y llamó Dios a la expansión Cielos. Y fue la tarde y la mañana del día segundo.

—Bueno—le dije—. ¿Se menciona alguna vez que Adán le ayudó a Dios en ese caso?

—No.

—Pero el tercer día tal vez Dios necesitó ayuda de Adán y Eva. Lea, por favor.

—"Después dijo Dios —continuó ella—: Produzca la tierra hierba verde, hierba que dé semilla; árbol de fruto que dé fruto según su género, que su semilla esté en él, sobre la tierra. Y fue así. Produjo, pues, la tierra hierba verde, hierba que da semilla según su naturaleza, y árbol que da fruto, cuya semilla está en él, según su género. Y vio Dios que era bueno" (Génesis 1:11, 12).

—¿Pidió Dios la ayuda de Adán y Eva? —le volví a preguntar.

—No, no se la pidió.

—Tal vez el cuarto día se cansó... ¿Qué sucedió luego?

—Dios creo el sol, la luna y las estrellas.

—¿Con la ayuda de Adán y Eva?

—No.

—¿Y qué diríamos del quinto día?

—No, Dios no necesitó ayuda de ellos tampoco.

—¿Y el sexto día?

La señora leyó el pasaje detenidamente y me dijo:

—Pastor, el sexto día El hizo todos los animales y luego hizo a Adán y a Eva a su imagen y semejanza. Así que no, Dios no necesitó ayuda de ellos.

—¿Realmente? ¿Qué diremos acerca del séptimo día?

—Dios descansó de toda su obra

—¿Adán y Eva tuvieron que hacer alguna obra el primer día después de haber sido creados?

—No, me parece que no —respondió después de pensarlo un rato.

—Antes que Adán y Eva recibieron su primer día —continué—, que realmente fue el séptimo día, Dios había hecho todo: el firmamento, la Tierra, toda clase de árboles frutales y los vegetales. Había hecho el Sol, la Luna y las estrellas, las aves del aire, los peces de las aguas y los animales de la tierra. Puesto que Dios había preparado todo para Adán y Eva, ellos no necesitaban proveer nada. ¿Entonces qué se les exigió? Si Adán y Eva hubieran acudido a Dios y le hubieran preguntado: "Padre, éste es nuestro primer día sobre la tierra. ¿Qué tarea debemos realizar?", ¿qué piensa usted que Dios habría contestado?

—Bueno —contestó ella—, Dios hubiera podido decir: He preparado todo para ustedes. Así que no se preocupen por nada. Simplemente vivan por fe y obediencia.

—Exactamente —le dije—. Puesto que Dios había hecho el cielo y la tierra y todo lo que hay en la tierra, no quedó nada para que ellos hicieran. Mediante la fe y la obediencia ellos pudieron descansar el séptimo día, el día de descanso de Dios, y disfrutar de todo lo que Dios había preparado para ellos. Lo único que ellos tenían que hacer era creer, tener comunión con Dios y vivir en obediencia a El; sin preocuparse por nada.

—Pero debido a que Adán y Eva se negaron a creer y a obedecer a Dios, y trataron de manejar al mundo como querían, el mundo llegó a ser como es hoy. Sin embargo, aun ahora, si aceptamos a Jesús como Salvador y acudimos a Dios, El nos permite disfrutar todas las cosas de que Adán y Eva disfrutaron antes que se rebelaran contra El. Según la voluntad de Dios, todo se realizó mediante la cruz de Jesucristo. Lo que los cristianos debemos hacer es creer, obedecer y disfrutar. La Biblia nunca dice que los cristianos deben ganarse la vida. Dice que Dios ha preparado todo para nosotros.

—Ahora, analicemos su propia situación. Como resultado del esfuerzo que ustedes han hecho para preparar todas las cosas, han puesto a Dios a un lado. En Jeremías 33:3 leemos: "Clama a mí, y yo te responderé, y te enseñaré cosas grandes y ocultas que tú no conoces." Todos sus problemas: lo que se refiere a la ropa, a la comida, a la bebida, aun el problema de vender la casa, son tareas que le corresponden a Dios. Cuando ustedes traten de resolverlos completamente por su cuenta, Dios retira sus manos. Pero si ustedes se arrepienten de su pecado de incredulidad, confían todo al Señor y andan con fe, obediencia y acción de gracias, esperando que ocurran milagros, el Señor les permitirá que disfruten de todas las cosas que El ha preparado.

—Pastor, nadie me había enseñado esto.

Las lágrimas le brotaron de los ojos, mientras yo le sugería que oráramos.

Cuando nos arrodillamos, hice la siguiente oración: "Señor, encomiendo a ti la vida de esta hermana. Encomiendo todo a tu cuidado, y a partir de este momento me quedo tranquilo. Te doy las gracias con fe y obediencia. Así que permite que se venda su casa y que resuelva todos sus problemas."

El siguiente día salí de aquel pueblo para predicar mensajes de avivamiento en otra ciudad. Pero pronto recibí una carta de esa señora que decía:

> Después que usted salió de nuestro hogar, nos sucedió algo maravilloso. Yo le repetí a mi esposo el sermón que usted me dio sobre Génesis. Nos arrepentimos de nuestras faltas, con lágrimas, e hicimos la oración de acción de gracias a Dios. Después de varios días, un matrimonio se fijó en nuestra casa y ofreció comprarla. Era precisamente la casa que estaban buscando. Nos pagaron un precio mucho más alto que el que habíamos establecido. Nos vamos a mudar a un lugar más pequeño, pero elegante y bello. He compartido lo que usted me enseñó con todas las personas que he encontrado.

La naturaleza nos habla sobre la abundancia de Dios. Los agricultores nos dicen que un manzano necesita entre treinta y cincuenta hojas para producir una manzana. Sin embargo, un manzano completamente crecido tiene más de cien mil hojas, mucho más de las que necesita para llevar fruto. ¿Por qué Dios da tantas hojas a un árbol frutal? Porque Dios previó que los gusanos se comerían algunas hojas. El sabía que las tormentas vendrían y se llevarían otras hojas. Sabía que algunas hojas se marchitarían por causa de la sequía. Por el hecho que el Dios de la abundancia sabía esas cosas con anticipación, proveyó un número extraordinario de hojas con el fin de preparar al manzanero para los posibles problemas.

Hay otros ejemplos naturales. Los faisanés hembras y las codornices, que anidan en la tierra, ponen entre diez y treinta huevos, más de los que necesitan para preservar sus especies. Pero eso es una garantía para esas aves, que saben que las comadrejas y los zorrillos roban huevos de los nidos.

Tal Dios de la abundancia también proveyó todo para Adán y Eva, incluso el huerto del Edén. Este Dios llega a ser nuestro Padre y nos manda que pidamos, para darnos todo lo que ha preparado para nosotros. Permita que ese pensamiento quede firme en usted: a menos que usted tenga la imagen del Dios de la abundancia, no tendrá la fe suficiente para presentarse delante de Dios a pedirle el pan cotidiano.

¿Realmente Dios se ha manifestado en la historia como el Dios de la abundancia? Claro que sí. Eso se demuestra repetidamente en la Biblia.

Dios provee

En el Antiguo Testamento, unos tres millones de israelitas tuvieron experiencias con el Dios de la abundancia durante su viaje de cuarenta años desde Egipto hasta la tierra de Canaán. El desierto no podía proveer de manera natural suficiente agua ni alimento para sostener a tres millones de personas. Pero todas las mañanas Dios les dio maná, en suficiente cantidad para cada día. Dios también sacó agua de la peña, y alimentó a los israelitas con carne fresca, enviándoles codornices al campamento mediante un gran viento. En Deuteronomio 8:4 se nos describe otra provisión que Dios hizo para su pueblo errante: "Tu vestido nunca se envejeció sobre ti, ni el pie se te ha hinchado en estos cuarenta años."

La tierra que Dios les prometió a los hijos de Israel, se llamó con frecuencia "la tierra que fluye leche y mil". Dios aún nos promete que El dará a sus hijos "la tierra que fluye leche y miel", y realmente está cumpliendo en el día de hoy su propósito. Dios nos da el pan cotidiano en una forma tan abundante como fluye la leche y la miel. ¡Dios es hoy nuestro Padre!

Los milagros que Jesús realizó también prueban que Dios provee nuestro pan cotidiano. Un día cinco mil hombres estaban escuchando la predicación de Jesús. Cuando se acercaba la noche, la multitud tuvo hambre. En aquel desierto era imposible alimentar a tantas personas por medios humanos. Pero nuestro Señor preparó "leche y miel" mediante un milagro. Cuando El bendijo cinco pequeños panes de cebada y dos peces, y los distribuyó entre la gente, el alimento se multiplicó en proporciones sorprendentes. Cuando los discípulos recogieron los pedazos que sobraron, llenaron doce cestas (Mateo 14:16-21).

Eso no sucedió sólo una vez. Hay un segundo relato bíblico que también refuerza el punto de vista de Dios. En Mateo 15:32-38 se registra un suceso similar en el cual Jesús alimentó a cuatro mil hombres (si se hubiera incluido en la cuenta las mujeres y los niños, habría habido más de diez mil personas) con siete panes y dos peces. Se recogieron siete cestas de sobras. Dios provee de acuerdo con nuestras necesidades.

La preocupación de Jesús por las necesidades físicas de su pueblo también se manifestó mediante la participación de El en el trabajo de pesca de Pedro. Pedro había estado muy desilusionado por el hecho de que había trabajado toda la noche y no había sacado ni un pez. En realidad no es algo insignificante el hecho de que un pescador no pueda sacar ni siquiera un solo pez. Aplique usted esto a la situación de su propia vida. . . Supongamos que usted no hubiera ganado ni un solo peso aunque hubiera trabajado todo un día. ¡Que desilusionado y frustrado se sentiría! En aquella oportunidad, Jesús le dijo a Pedro: "Boga mar adentro, y echad vuestras redes para pescar" (Lucas 5:4).

En obediencia a la palabra de Jesús, Pedro salió a pescar y encerró tal cantidad de peces que su red se rompía. El hecho de que Pedro no hubiera sacado ni un pez en su anterior esfuerzo no tiene ninguna relación con su experiencia o inexperiencia. De la misma manera, la gran experiencia que tengamos no siempre nos asegura nuestro pan cotidiano. Incontables personas derrotadas viven en desesperación porque no saben en qué han fracasado. Así como Jesús entró en la barca de Pedro y le dijo hacia donde debía lanzar las redes (Jesús ayudó a Pedro en una segunda oportunidad a lograr una gran pesca, después de su resurrección), El quiere entrar en el centro de nuestra vida y, de una manera milagrosa, proveer nuestro pan cotidiano.

Jesús, Dios Hijo, que ha preparado todo lo que necesitamos, no sólo nos dijo que pidiéramos nuestro pan cotidiano, sino que nos mostró mediante ejemplos que El puede darnos todo lo que necesitamos. No hay razón para que dudemos en cuanto a si han de ser respondidas nuestras oraciones. Hasta ahora los ejemplos bíblicos que he citado se relacionan con el pan. Pero la Biblia dice también que Dios quiere darnos cosas materiales. Observemos lo que dicen las Sagradas Escrituras:

Sino acuérdate de Jehová tu Dios, porque él te da el poder para hacer las riquezas, a fin de confirmar su pacto que juró a tus padres, como en este día.

Deuteronomio 8:18

Acontecerá que si oyeres atentamente la voz de Jehová tu Dios, para guardar y poner por obra todos sus mandamientos que yo te describo hoy, también Jehová tu Dios te exaltará sobre todas las naciones de la tierra. Y vendrán sobre ti todas estas bendiciones, y te alcanzarán, si oyeres la voz de Jehová tu Dios. Bendito serás tú en la ciudad, y bendito tú en el campo. Bendito el fruto de tu vientre, el fruto de tu tierra, el fruto de tus bestias, la cría de tus vacas y los rebaños de tus ovejas. Benditas serán tu canasta y tu artesa de amasar. Bendito serás en tu entrar, y bendito en tu salir.

Deuteronomio 28:1-6

Honra a Jehová con tus bienes, y con las primicias de todos tus frutos; y serán llenos tus graneros con abundancia, y tus lagares rebosarán de mosto.

Proverbios 3:9, 10

Estos pasajes son sólo algunos ejemplos que indican la disposición de Dios para bendecirnos con cosas materiales. Pero no es suficiente saber y citar esos pasajes. Tenemos que orar como Jesús nos enseñó y también creer su Palabra.

Oremos por las necesidades diarias

¿Qué actitud debemos tener en mente cuando pedimos nuestro pan cotidiano?

En primer lugar, tenemos que hacer una clara distinción entre lo que debemos pedir primero y lo que debemos pedir después. Por el hecho de que la humanidad algunas veces invirtió el orden apropiado y pidió primero lo que ha debido pedir último, y dejó para lo último lo que ha debido pedir primero, todo se trastornó. La Biblia dice: "Y te afligió, y te hizo tener hambre, y te sustentó con maná, comida que no conocías tú, ni tus padres la habían conocido, para hacerte saber que no sólo de pan vivirá el hombre, más de todo lo que sale de la boca de Jehová vivirá el hombre" (Deuteronomio 8:3).

Dios permite algunas veces que pasemos por senderos de penuria y que tengamos hambre para enseñarnos una lección: que no sólo vivimos del pan. Nuestra alma y nuestras necesidades espirituales tienen que ocupar la prioridad. Cuando recibimos la Palabra de Dios, y vivimos en conformidad con ella, Dios derramará las bendiciones materiales que tiene preparadas para nosotros. Eso fue lo que Jesús dio a entender cuando dijo: "Más buscad primeramente el reino de Dios y su justicia, y todas estas cosas os serán añadidas" (Mateo 6:33).

La primera tarea debe ser la de servir a Dios. Si nuestra tarea principal prospera, todas nuestras tareas colaterales tienen que tener éxito. Cuando ponemos las tareas colaterales como nuestro trabajo principal, Dios nos enseña con latigazos, con el propósito de que volvamos al camino correcto. Por tanto, cuando pedimos que Dios nos provea para nuestras necesidades diarias, debemos orar con la prioridad adecuada, colocando lo más importante al principio y lo menos importante al final.

La segunda es que debemos mostrar evidencias de que no servimos al oro como si fuera un ídolo. ¿Cómo podemos dar evidencias de que no amamos el dinero más que a Dios? Obedeciendo el mandamiento que Dios nos dio de pagar los diezmos.

Traed todos los diezmos al alfolí y haya

alimento en mi casa; y probadme ahora en esto, dice Jehová de los ejércitos, si no os abriré las ventanas de los cielos, y derramaré sobre vosotros bendición hasta que sobreabunde. Reprenderé también por vosotros al devorador, y no os destruirá el fruto de la tierra, ni vuestra vid en el campo será estéril, dice Jehová de los ejércitos.

Malaquías 3:10, 11

El diezmo no es nuestro sino de Dios. No podemos disponer de él como nos plazca. Malaquías dice que debemos llevar todos los diezmos a la tesorería de Dios. Muchas personas no hacen eso a causa de la avaricia que ha entenebrecido sus ojos. A causa de su desobediencia, obstruyen el poder de Dios para desatar todas las cosas que ha preparado para ellos. Cuando llevamos todos los diezmos al granero de Dios, El bendice nuestros graneros y los llena de abundancia.

La tercera es que tenemos que creer y confesar nuestra convicción de que Dios nos dará abundantemente. David expresa de una manera clara su fe en que Dios proveerá: "Jehová es mi pastor; nada me faltará. En lugares de delicados pastos me hará descansar; junto a aguas de reposo me pastoreará" (Salmo 23:1, 2). Y Pablo dijo: "Mi Dios, pues, suplirá todo lo que os falta conforme a sus riquezas en gloria en Cristo Jesús" (Filipenses 4:19). Muchos creyentes no disfrutan de la abundancia de Dios porque no expresan con sus palabras la fe que tienen de que Dios da abundantemente las cosas buenas a sus hijos.

Por último, tenemos que dar gracias siempre, cuando pedimos y cuando recibimos. "Por nada estéis afanosos, sino sean conocidas vuestras peticiones delante de Dios en toda oración y ruego, con acción de gracias" (Filipenses 4:6). ¿Cómo podemos hacer otra cosa que no sea dar gracias a Dios por la luz, el aire, el agua, la salud y la vida que disfrutamos? Nuestra acción de gracias y nuestra alabanza son la suave fragancia de una ofrenda quemada delante de Dios; ellas abren el camino hacia su poder y salvación.

Nuestro Dios es el Dador de la luz del sol, de la lluvia y de toda clase de vegetación. Es natural que El dé a sus hijos que le obedecen por fe la tierra de Canaán que fluye leche y miel. Por tanto, podemos orar osadamente que Dios nos dé nuestro pan cotidiano. Amado pueblo de Dios, el Dios que nos salvó y derramó su Espíritu Santo en nosotros también quiere darnos nuestro pan cotidiano; El lo ha preparado.

Ame al Señor su Dios con todo el corazón, con toda el alma y con toda la mente. Busque primeramente el reino de Dios y su justicia. Pida su pan cotidiano en el nombre de Jesucristo. Luego Dios suplirá todo lo que necesita, así como dio el maná a los hijos de Israel. El lo hará. Usted no tiene que preocuparse.

4
Perdónanos nuestras deudas

Los que hemos llegado a ser hijos de Dios, mediante la sangre inmaculada de Jesucristo, ahora debemos pedirle a El que perdone nuestros pecados. Cuando el reino de Dios viene a nuestro corazón y su voluntad está presente en nuestra vida, la gracia y el poder perdonador de Dios naturalmente deben descender sobre nosotros. En la oración que Jesús enseñó a sus discípulos, y a nosotros, El dijo que debemos pedir osadamente y con certidumbre nuestro pan cotidiano, el perdón de nuestros pecados y la protección de la tentación o del mal.

Como ya se dijo, debemos orar de acuerdo con la mente de Dios. ¿Y cuál es la mente de Dios con respecto a nuestros pecados?

Somos pecadores y merecemos la muerte

La palabra griega que se tradujo pecado significa errar el blanco, así como una flecha no llega al blanco hacia el cual se lanzó. Para glorificar a

Dios y complacerlo, el hombre y la mujer han debido vivir en obediencia y fe. Esta era la meta o el blanco de la vida humana.

Engañados por Satanás, sin embargo, Adán y Eva tomaron del fruto prohibido del árbol de la ciencia y comieron. Violaron el mandamiento que Dios les había dado: "... mas del árbol de la ciencia del bien y del mal no comerás; porque el día que de él comieres ciertamente morirás" (Génesis 2:17). Como esa acción era la expresión voluntariosa de su desobediencia e incredulidad, significó que su conducta erró el blanco que había sido establecido para su vida, y por tanto era pecado delante de Dios. Como resultado, Adán y Eva sintieron vergüenza y culpa. Satanás logró el legítimo derecho de acusar, gobernar y robar a la humanidad. "El que practica la maldad es del diablo, porque el diablo peca desde el principio" (1 Juan 3:8).

Adán y Eva, con toda su prosperidad, cayeron en la esclavitud de Satanás. El pecado entró en el mundo humano mediante la ofensa de un hombre, Adán, y todos llegamos a ser pecadores. "Por tanto, como el pecado entró en el mundo por un hombre, y por el pecado la muerte, así la muerte pasó a todos los hombres, por cuanto todos pecaron" (Romanos 5:12). Como consecuencia del pecado, tuvieron que morir, "porque la paga del pecado es muerte" (Romanos 6:23). La palabra griega que se tradujo muerte es *thanateos*, que significa: estar separado. Tan pronto como la muerte entró en la sociedad humana mediante el pecado, se cortó el diálogo del hombre con Dios. Tan pronto como el hombre quedó separado de Dios, la fuente de la vida, el hombre murió. Tan pronto como estuvo separado de las demás criaturas que él gobernaba, todo se desequilibró. Tan pronto como la rectora mano de Dios se apartó, las enfermedades entraron en el cuerpo humano. Además, el inextinguible fuego del infierno está esperando para castigar eternamente a todos los que no han vuelto a Jesús a pedirle el perdón de los pecados, y recibirlo.

Puesto que los hombres y las mujeres, quienes fueron creados a la imagen de Dios, son seres espirituales, tienen el anhelo de ser liberados del pecado y de la muerte. Pero sin pagar completamente la deuda que corresponde por causa del pecado, nadie puede escapar del dominio de Satanás. Nadie puede librarse de la muerte final. Por el hecho de que no hay uno en el mundo que no cometa pecado, es una necedad esperar que otra persona de este mundo pueda ser salvador personal eficiente.

La raza humana necesitó de alguien que nos ayudara, alguien que solucionara el problema de la muerte. Ese alguien no podía ser de la raza de Adán; sin embargo, tenía que ser humano, no angélico, porque tenía que expiar el pecado del hombre. Tenía que ser sin pecado, debía ser humano, uno que tuviera, como nosotros, oídos, ojos, boca y nariz. Además, tenía que ser alguien que estuviera dispuesto a pagar lo que nosotros debíamos por causa del pecado; a tomar sobre sí nuestra redención y pagar el precio por nosotros. Desde el punto de vista humano, eso era absolutamente imposible. Sin embargo, el hombre tenía que ser librado del pecado y de la muerte por medio de un redentor.

Tan imposible misión tenía que cumplirse. Todos los deseos y esperanzas, los suspiros y anhelos del hombre desde la creación, se pueden expresar en una sola frase: liberación del pecado y del diablo. ¿Se perdió ese clamor en el aire enrarecido como un sonido que no tiene eco? No. Llegó al trono de Dios, y el plan divino se cumplió. Jesucristo vino a salvar a la humanidad.

La respuesta divina: Jesucristo

Dios ordenó que su inmaculado Hijo, Jesucristo, se vistiera de carne humana y muriera en lugar del hombre. "Porque de tal manera amó Dios al mundo, que ha dado a su Hijo Unigénito, para que todo aquel que en él cree, no se pierda, mas tenga vida eterna" (Juan 3:16).

Por la gracia de Dios, Jesucristo nació de la virgen María, en un pesebre de este mundo, en Belén, hace dos mil años.

Tal como la Biblia nos dice: la simiente de la mujer habría de herir la simiente de la serpiente (Génesis 3:15). Jesús fue concebido de la simiente de la mujer, pero sin un padre natural. Engendrado por el Espíritu Santo, Jesús no vino de la simiente del hombre, pero poseía sangre impecable.

Jesús se hizo carne para llegar a ser el sacrificio que haría expiación por los pecados de la humanidad. Por esa razón, Juan el Bautista, cuando se encontraba en la ribera del río Jordán, exclamó:

"He aquí, el Cordero de Dios que quita el pecado del mundo" (Juan 1:29). En Romanos 4:25 también leemos que Jesús "fue entregado por nuestras transgresiones, y resucitado para nuestra justificación".

Por amor a nosotros y en nuestro lugar, Jesús tomó sobre su cuerpo todos los pecados: iniquidad, fealdad, maldición y desesperación del mundo.

Arriba, entre el cielo y la tierra, fue colgado Jesús con sus manos y sus pies clavados en la cruz, su cabeza herida por la corona de espinas, y su costado perforado por una lanza. Mediante todos esos sufrimientos, Jesús borró para siempre nuestros pecados delante de Dios.

Puesto que Dios satisfizo nuestros deseos al enviar a su Hijo, y preparó el camino mediante el cual podemos ser librados del pecado y de la muerte, sólo necesitamos aceptar la redención que proveyó. Necesitamos recibir a Jesucristo, el Hijo del Dios viviente, como nuestro Salvador personal. Aunque Dios dio a su Hijo para todos nosotros, El no puede obligarnos a aceptarlo como nuestro Salvador. Tal como sucedió en el huerto de Edén, ahora también cada persona tiene que tomar la decisión y confesarla verbalmente. La persona que cree y confiesa es librada del poder de la muerte; la persona que no acepta por la fe, continúa bajo el poder de la muerte.

Puesto que Dios perdonó nuestros pecados por medio de Jesucristo, nuestro problema con respecto al pecado ha sido solucionado. Si vamos al infierno, sólo será porque no hemos aceptado el perdón que Dios nos ha ofrecido.

Cuando Andrew Jackson era presidente de los Estados Unidos de América, un hombre llamado George Wilson descubrió a un ladrón que robaba algo en una oficina de correo. Wilson le disparó al hombre y lo mató. Fue arrestado, declarado culpable y sentenciado a muerte. Pero por causas de las circunstancias del delito, el presidente Jackson firmó un perdón especial que lo libraba de toda responsabilidad. Entonces la historia llega a ser rara. Wilson se negó a aceptar el perdón, y como consecuencia se produjo un problema legal. Posteriormente hubo apelación ante la Corte Suprema de Justicia donde John Marshall, el juez principal, dio un famoso veredicto que es el siguiente:

La declaración de perdón es sólo un pedazo de papel, pero tiene el poder de perdonar si lo acepta la persona que es objeto del perdón. Si la persona que es objeto de perdón se niega a aceptarlo, no puede ser absuelta. Por tanto, debe ejecutarse la sentencia de pena de muerte dictada contra George Wilson.

George Wilson fue perdonado; pero por haberse negado a aceptar el perdón, fue ejecutado.

Nuestra situación es precisamente como esa. Dios ha perdonado los pecados de la humanidad. Hoy el Espíritu Santo de Dios está proclamando a todos: "Sus pecados han sido perdonados, pero tienen que acudir a Jesucristo y aceptar el perdón." El perdón de Dios ha sido dado, pero muchas personas no lo aceptan. No hay salvación para quienes se niegan a aceptar el perdón; se enfrentarán a la ejecución, y los únicos culpables son ellos mismos.

Cuando Jesucristo perdonó nuestros pecados, no sólo perdonó nuestros pecados pasados y presentes. El hizo expiación por todos los pecados de nuestra vida, incluso los futuros; hizo la expiación una vez por todas.

Leemos en Hebreos 10:14-18:

> Porque por una sola ofrenda hizo perfectos para siempre a los santificados. Y nos atestigua lo mismo el Espíritu Santo; porque después de haber dicho: Este es el pacto que haré con ellos después de aquellos días, dice el Señor: Pondré mis leyes en sus corazones, y en sus mentes las escribiré, añade: Y nunca más me acordaré de sus pecados y transgresiones. Pues donde hay remisión de éstos, no hay más ofrenda por el pecado.

Por el hecho de que nuestro Señor hizo la expiación por nuestros pecados mediante una ofrenda, una vez por todas, ya no necesitamos ofrecer sacrificios por los pecados. Nuestros pecados han sido borrados. Hemos sido absueltos y quedamos en libertad. Si usted cree en Jesucristo como su Salvador y acepta el perdón de Dios, será justificado delante de El. Será reconocido como una persona que nunca ha pecado y tendrá el privilegio de presentarte delante de

Dios. Satanás no podrá acusarle ante el trono de Dios porque sus pecados están bajo la sangre de Jesucristo.

Como nosotros perdonamos a nuestros deudores

Para disfrutar del perdón que Dios nos ha dado, hay una condición que tenemos que cumplir. Dios nos da la gracia del perdón continuamente cuando perdonamos a otras personas.

Si albergamos odio en nuestro corazón y nos negamos a perdonar a otras personas que nos han hecho mal, el perdón que ya hemos recibido no se nos aplicará. Al contrario, desde ese momento en adelante será cancelado el perdón que necesitamos para nuestras faltas posteriores.

Jesús dio una parábola acerca de dos deudores. El uno le debía al rey cien mil talentos (que equivalen a unos 175 millones de dólares estadounidenses), y el otro le debía al primer deudor cien denarios (que equivalen a unos dieciséis dólares estadounidenses). El rey le perdonó la deuda al hombre que le debía la enorme suma. Pero aquel hombre no tuvo compasión del que sólo le debía una pequeña cantidad. Cuando el rey descubrió lo que había ocurrido, se enfureció y castigó al hombre malvado. Aquí Jesús nos enseñó la lección de que debemos perdonar las faltas y los perjuicios que nos han hecho otras personas, de la manera en que hemos sido perdonados. El dijo: "Así también mi Padre celestial hará con vosotros si no perdonáis de todo corazón cada uno a su hermano sus ofensas" (Mateo 18:35).

Hay una relación directa entre la manera en que perdonamos a nuestros enemigos y la manera en que seremos perdonados. Cuando Caín mató a su hermano, Abel, Dios le preguntó: "¿Dónde está Abel tu hermano?" Caín respondió: "No sé. ¿Soy yo acaso guarda de mi hermano?" (Génesis 4:9).

Pero en realidad somos guardas de nuestros hermanos. Dios hizo a los humanos como seres sociales. En el libro de Génesis leemos: "Y dijo Jehová Dios: No es bueno que el hombre esté solo; le haré ayuda idónea para él... Por tanto, dejará el hombre a su padre y a su madre, y se unirá a su mujer, y serán una sola carne" (Génesis 2:18, 24).

A partir de la creación de la mujer, el hombre ha vivido con otros seres humanos. Estamos destinados a vivir juntos como parejas, como padres e hijos, como vecinos. Mientras que se viva en comunidad, no puede hacerse pregunta tan irresponsable: "¿Soy yo acaso guarda de mi hermano?" Por esa razón, Jesús nos enseña a orar: "Padre nuestro...", en vez de decir "Padre mío".

Cuando las personas viven en conjunto, el pecado entra inevitablemente en sus relaciones. Nadie es perfecto. Todos tienen rasgos negativos de personalidad y de carácter: egoísmo, orgullo, envidia, ambición. Dondequiera que las personas se reúnen, las diferencias de carácter y personalidad se hacen evidentes, y causan tensión y dolor. A medida que el tiempo pasa, el remordimiento del pasado se convierte en odio del presente, y esa es la manera como este mundo ha llegado a estar lleno de envidia, celos, calamidad y asesinato.

"Pero los impíos son como el mar en tempestad, que no puede estarse quieto, y sus aguas arrojan cieno y lodo. No hay paz, dijo Dios, para los impíos" (Isaías 57:20, 21).

¿Cómo podemos vivir en paz y armonía con otras personas, olvidar los viejos resentimientos y aceptar la sanidad de Dios? Con el progreso de los conocimientos, hemos inventado toda clase de comodidades. Pero hay un campo en el cual no se ha visto progreso en absoluto: el campo de la capacidad social. A pesar de nuestro destino comunitario, parece que el hombre intenta continuar haciendo armas que perjudiquen y maten a los demás.

No hay nadie que pueda resolver ese problema de enemistad y odio, sino Jesucristo. El nos ha perdonado e insiste en que oremos: "Y perdónanos nuestras deudas, como también nosotros perdonamos a nuestros deudores." Es interesante que inmediatamente después de terminar esa oración que Jesús enseñó a sus discípulos, El volvió al tema del perdón. En Mateo 6:14 y 15, El continúa diciendo: "Porque si no perdonáis a los hombres sus ofensas, tampoco vuestro Padre celestial; os perdonará vuestras ofensas."

Un día Juan Wesley se encontró con uno de sus amigos en la calle. No se habían visto por algún tiempo y Wesley le dijo:

—Oí que usted y el señor Fulano de Tal se enemistaron. ¿Ha vuelto a hablarle?

—¡No! —respondió—. ¿Por qué debo hacerlo? El tiene la culpa. Nunca lo perdonaré, porque yo fui el que recibí la injuria.

—Entonces —le respondió Wesley mirándolo directamente—, usted jamás debe volver a cometer pecado. Pienso que no puede decir que nunca ha cometido un pecado. Hasta ahora lo ha podido decir porque alguien le ha perdonado sus faltas. Pero si usted dice que no quiere perdonar a alguno que lo ha ofendido, de ahora en adelante tampoco espere recibir el perdón de nadie.

Ante esto, el hombre bajó su cabeza y con amargura se arrepintió de sus pecados.

Si no queremos perdonar las faltas de nuestro prójimo, no podemos cometer pecado. El esposo que no quiere perdonar las faltas de su esposa, no puede cometer ninguna falta. La esposa que no quiere perdonar las faltas del esposo, tampoco puede cometer faltas. Si no se perdonan el uno al otro, estas faltas de ellos no pueden ser perdonadas.

Todas las personas se sanan mutuamente al perdonarse unas a otras. Nadie es tan justo que no necesite ser perdonado. Las cordiales manos del perdón comienzan a sanar las heridas casi de inmediato. Nunca debemos olvidar que nuestra justicia se la debemos al perdón que recibimos de Dios; cuando perdonamos los pecados o las faltas que otros han cometido contra nosotros, nuestras deudas son perdonadas. Recibimos el perdón de Dios cuando perdonamos las ofensas que otros han cometido contra nosotros.

Debido a que Dios nos ha perdonado, tenemos la deuda del perdón hacia los demás. El apóstol Pablo dijo: "A griegos y a no griegos, a sabios y a no sabios soy deudor" (Romanos 1:14). Si un hombre como el apóstol Pablo fue deudor, entonces las personas como usted y como yo somos deudores que debemos aun más. Yo debo perdonar a otros día tras día, de la misma manera en que he sido perdonado. Debemos hacer lo mejor que podamos para pagar la deuda del perdón durante el tiempo de nuestra vida.

El costo del perdón

El perdón produce hermosos resultados. Donde hay perdón, hay cielo, porque el Dios del perdón está allí por medio del Espíritu Santo. ¿Es fácil para cualquiera perdonar con la pura fuerza de la voluntad? Los que sinceramente han perdonado las faltas y los errores de otros responderían que no. ¿Cómo perdona uno?

El perdón siempre demanda un precio de sufrimiento, una cruz. Nunca piense que el perdón que Dios nos otorgó no le costó nada a El. Le costó el sacrificio de su propio Hijo. Aunque éramos los que habíamos pecado, Jesús tuvo que tomar los pecados sobre sí. El perdonador, no el perdonado, pagó el precio. De igual manera, si hemos de perdonar a otros, nos costará sufrimiento, una cruz. ¿Por qué? No es posible que perdonemos a otros mientras insistamos en nuestras opiniones, derechos y prejuicios. Al crucificar nuestro orgullo, nuestra ira y nuestros malos pensamientos, podemos perdonar completamente, con nuestro corazón y también con nuestra boca. Para perdonar a otros, tenemos que morir a nosotros mismos. Mientras no suceda eso, surgirán continuamente el odio, el orgullo, los malos pensamientos y los resentimientos, y bloquearán nuestra capacidad para perdonar. Somos liberados de nuestro egocentrismo al perdonar, y somos liberados de nuestra obstinación, nuestra arrogancia y nuestras afirmaciones de nuestro yo; entramos en la verdadera libertad de Dios.

Corrie ten Boon, quien pasó los últimos años de su vida en los Estados Unidos de América, fue una famosa predicadora holandesa para el despertamiento de la Iglesia. Durante la Segunda Guerra Mundial, ella y su familia fueron arrestados y llevados a los campos de concentración nazis. Fueron acusados de haber escondido judíos en su hogar. Su padre y su hermana murieron en los campos y Corrie regresó sola al hogar. Después de la guerra, mientras predicaba, ella oyó que el Espíritu Santo le decía: "El pueblo alemán está sufriendo de una profunda herida. Vé y predícale el evangelio."

Al oír eso, Corrie se fue a Alemania a predicar. Después de un sermón en particular que predicó sobre el perdón, muchas personas lloraban mientras confesaban sus pecados. Muchos esperaron para estrecharle la mano cuando bajara de la plataforma. Mientras los saludaba con gozo uno por uno, apareció en la fila un hombre que tenía su mano extendida. Tan pronto como ella lo vio, sintió que su corazón dejaba de latir. El había sido un guardia en Ravensbruck, el campo de concentración donde ella y su hermana habían estado encarceladas. Los prisioneros tenían que pasar desnudos delante de él, cuando eran llevados a ese campo, y con frecuencia les negaba el alimento.

Dolorosos recuerdos de aquellos años terribles se presentaron en la mente de Corrie. El hombre no la reconoció como una prisionera, pero ella sabía que nunca podía olvidar la cara de él, ni siquiera en un sueño. El le dijo que, después de haber servido como guardia en Ravensbruck, él había llegado a ser cristiano. "Yo sé que Dios me ha perdonado todas las crueldades que hice allí; pero me gustaría oírlo de sus labios también. ¿Me perdonará?"

Pasó ante sus ojos la imagen del cadáver de su hermana, y revivió el amargo recuerdo de su propio sufrimiento. Aunque sólo fue por algunos segundos, le pareció como si estuviera allí durante años. Finalmente hizo una oración: "Señor, no puedo perdonar a este hombre. ¡Ayúdame!"

Ella decidió que sí podía, por lo menos, levantar la mano, y al hacerlo, la vida resucitada de Jesucristo fluyó en el corazón de ella, y perdonó al antiguo guardia. Todos los sentimientos de amargura desaparecieron y fueron reemplazados por el gozo y el poder del Señor. Posteriormente ella dijo que se había sentido como si tuviera diez años menos. Durante años después de esto, Corrie viajó por todo el mundo predicando el amor y el perdón de Cristo.

El que perdona siempre tiene una responsabilidad: tirarse ante la cruz de Cristo, crucificar su egocentrismo, su orgullo, su ira y las afirmaciones de sí mismo. Cuando hacemos eso, Dios derrama abundantemente su vida resucitada, su sanidad. Las relaciones entre padres e hijos, entre los amigos, vuelven a resucitar y cambian nuestra vida en vida nueva. Cuando nuestras antiguas heridas son sanadas quedamos libres de todo odio, y podemos disfrutar de la felicidad y el gozo.

Numerosas personas sufren sin necesidad enfermedades físicas causadas por la enemistad y el odio. Las relaciones familiares se destruyen debido a los resentimientos y al odio. ¿Cuántos padres están alejados de sus hijos? ¿Cuántas amistades se enfrían por causa del odio y el rencor? El perdón es el único elemento indispensable para sanarnos.

La oración, según las enseñanzas del Señor Jesús: "Y perdónanos nuestras deudas, como también nosotros perdonamos a nuestros deudores"; es la clave que nos capacitará para tener una vida feliz. La verdadera libertad viene después que hacemos esa oración y practicamos esa clase de perdón.

El Señor nos enseñó que debemos perdonar y estar reconciliados antes de ofrecer nuestro sacrificio. En Mateo 5:23, 24 leemos: "Por tanto, si traes tu ofrenda al altar, y allí te acuerdas de que tu hermano tiene algo contra ti, deja allí tu ofrenda delante del altar, y anda, reconcíliate primero con tu hermano, y entonces ven y presenta tu ofrenda."

Dios responde la oración de aquel que perdona y está reconciliado. Si tenemos resentimientos y odios en nuestro corazón, Dios no puede oír nuestras oraciones, por más que clamemos con fervor a El. Tal como el Señor lo dijo, debemos preocuparnos de que el perdón de El fluya en nosotros, al perdonar a aquellos que nos han ofendido.

"Y perdónanos nuestras deudas, como también **nosotros perdonamos a nuestros deudores.**" **Cuando oremos usando esa parte del Padrenuestro día y noche, se sanarán nuestro espíritu, nuestra alma y nuestro cuerpo. Luego con fe, esperanza y amor, que fluyen abundantemente entre nosotros, siempre podremos marchar adelante hacia un mañana mejor, aunque tengamos faltas o tendencias pecaminosas, aunque tengamos choques personales o diferencia de opinión.**

5
No nos metas
en tentación

Dios es nuestro Padre. Somos hijos del Dios todopoderoso y omnipotente. Como los hijos piden ansiosamente ayuda y protección del peligro, así nosotros podemos pedir que Dios no nos deje caer en tentación.

Pero antes de hacer esta oración, debemos tener un entendimiento correcto de lo que significa la palabra tentación, que usó Jesús. ¿Quiere Dios librarnos de la tentación? ¿Puede Dios hacer eso? ¿Qué podemos hacer para no caer en tentación?

La palabra *tentación* no se oye con frecuencia en círculos no cristianos. Pero los creyentes decimos con frecuencias cosas como éstas: "El diácono Fulano de Tal ha caído en tentación." "He vencido la tentación." "Ore para que no caiga en tentación."

Casi todos empleamos esa palabra sin entender plenamente su profundo significado. ¿Qué significa la palabra *tentación*? Se tradujo de dos palabras griegas. La primera, *dokimadzo*, se refiere a la prueba que Dios nos presenta para darnos mayores bendiciones al probarnos y reconocer nuestra fidelidad.

Si nos empeñamos en vivir de una manera victoriosa, Dios nos probará con *dokimadzo*. El quiere probarnos para recompensarnos con buenas cosas, para reconocernos y calificarnos con el fin de otorgarnos mayores bendiciones o utilidad en su obra. Cuando las personas ponen a prueba un buey para saber si es bueno, están practicando *dokimadzo*. El diablo nunca nos somete a esa clase de prueba que nos califica para recibir una recompensa. Ese no es el significado de la palabra tentación, que ahora estamos estudiando en el Padrenuestro.

La palabra griega se refiere a la tentación acompañada de prueba, sufrimiento y tribulación. Algunas veces esa clase de tentación, *peiradzo*, viene de Dios, y otras veces de Satanás. Analicemos los diferentes motivos que entran en esa tentación.

La palabra que Jesús empleó cuando dijo: "No nos metas en tentación", se refiere a la tentación que roba, mata y destruye a las personas que caen en ella. Pocas personas que han pasado por esa tentación continúan en buenas condiciones.

La voluntad de Dios es que no caigamos en una tentación que nos destruya a través del sufrimiento, la tribulación y la prueba. El hecho de que Cristo nos encomendó que oráramos para que no caigamos en tentación, demuestra la voluntad de nuestro amante Dios de oír nuestra oración. Cuando oramos para que no caigamos en tentación, debemos tener fe en que, mediante la oración, la mano extendida de nuestro poderoso Dios nos librará de la tentación del diablo.

Prueba, sufrimiento y tribulación que Dios permite

A veces Dios nos somete a prueba, sufrimiento y tribulación para determinar nuestra fidelidad. Si decimos: "Señor, Señor", con nuestros labios, pero vivimos de una manera engañosa, El permite que pasemos por tentación a fin de poder distinguir nuestra fidelidad.

Mientras los hijos de Israel vagaron por el desierto durante cuarenta años, Dios los probó. Aunque ellos decían: "Señor", con sus labios, su corazón estaba lejos de Dios. Cuando las cosas marchaban bien, ellos alababan a Dios; pero cuando las circunstancias eran desfavorables, le daban las espaldas a Dios. Por causa de esa tendencia, Dios probó a los hijos de Israel para saber si ellos sinceramente confiaban en El. En consecuencia, todo el pueblo que salió de Egipto, excepto Josué y Caleb, murió en el desierto. Aunque llegaron a un lugar desde el cual pudieron ver a Canaán, la tierra que fluía leche y mil, no pudieron entrar en ella.

Dios también probó a Abraham con una prueba de su obediencia. Dios le dijo a Abraham que tomara a su único hijo, Isaac, y lo llevara a un monte de la tierra de Moriah, y lo ofreciera en sacrificio, como un holocausto. Isaac había nacido en la vejez de Abraham, y nada hubiera podido ser una prueba y una tribulación más severa que esa petición. Se levantó una tormenta en el

corazón de Abraham, y lo inundó la desesperación.

¿Por qué Dios sometió a Abraham a tan grande
prueba, *peiradzo*, para que pasara por sufrimiento y tribulación? Porque Abraham estaba in-
clinado a amar a Isaac más que a Dios. Al ver que
Abraham estaba en peligro de traicionarlo y desobedecer, Dios decidió probarlo. Abraham salió
con éxito de la prueba que había de determinar
si era obediente o no. En obediencia al mandamiento de Dios, Abraham llevó a su único hijo al
monte, lo ató y lo colocó sobre una pila de leña.
¿Puede usted imaginar el dolor y la angustia que
Abraham como padre debió de haber sentido, al
levantar un cuchillo para matar a Isaac? Al ver la
verdadera obediencia de Abraham, Dios lo libró
de la prueba y le dijo:

> De cierto te bendeciré, y multiplicaré tu
> descendencia como las estrellas del cielo
> y como la arena que está a la orilla del
> mar; y tu descendencia poseerá las puer-
> tas de sus enemigos.
>
> Génesis 22:17

Por supuesto que habría sido mucho mejor
para Abraham si no hubiera sido sometido a tal
prueba. El fue probado con *peiradzo* porque
amaba a Isaac más que a Dios; pero pasó con
éxito la prueba a causa de su fe, y por tanto,
recibió la bendición. Dios nos exceptúa de esa
clase de pruebas si de todo corazón le somos
fieles. Y debemos pedir que seamos suficiente-

mente fieles para que no seamos llevados a esa clase de prueba.

Si amamos al mundo más que a Dios, El incluso nos someterá a prueba, sufrimiento y tribulación. Cada vez que oramos: "Señor, no nos metas en tentación", debemos examinar nuestro corazón y preguntarle a Dios: "Señor, ¿estoy viviendo obedientemente delante de ti?"

La tentación procede del diablo

El diablo también trata de meternos en prueba, tentación y sufrimiento; pero con una intención totalmente diferente. El quiere robarnos, matarnos y destruir nuestra fe. La mayor parte de la tentación *peiradzo* a que somos sometidos, viene del diablo. Dios raras veces nos somete a esa clase de pruebas, como lo hizo Abraham.

Cuando nos empeñamos en vivir por fe y creer en Jesucristo como nuestro Salvador, el diablo nos tienta por todos los medios posibles para quitarnos esa fe. Las pruebas que se registran en Hebreos 11:36-38 pertenecen a esta clase de pruebas procedentes del diablo:

> Otros experimentaron vituperios y azotes, y a más de esto prisiones y cárceles. Fueron apedreados, aserrados, puestos a prueba, muertos a filo de espada; anduvieron de acá para allá cubiertos de pieles de ovejas y de cabras, pobres, angustiados, maltratados; de los cuales el mundo no era digno; errando por los desiertos, por los montes, por las cuevas y por las cavernas de la tierra.

Esas personas tenían fe, pero el diablo las sacudió con prueba, tribulación y sufrimiento a fin de quitarles la fe. Nuestro Señor dijo que debemos orar para no caer en esa clase de tentación promovida por el Satanás.

Mientras Corea estuvo bajo el dominio japonés durante treinta y seis años, el pueblo japonés encarceló y mató a muchos pastores, y persiguió a los líderes de la iglesia. Satanás hizo que Corea fuera sometida a una severa tentación, de prueba y tribulación para desterrar el cristianismo. Durante la guerra coreana, los comunistas destruyeron más de doscientas sesenta iglesias. Dispararon contra más de doscientos treinta pastores y los mataron. Secuestraron a muchos ministros y creyentes, y los llevaron a Corea del Norte. Eso también fue una tentación o prueba de Satanás. Nuestro Señor dijo que debemos orar para no caer en esa clase de tentación que destruiría a la iglesia y a los creyentes, lo cual alejaría la gloria de Dios de esta tierra.

Con respecto a la tentación que el diablo da a la Iglesia, la Biblia dice: "No temas en nada lo que vas a padecer. He aquí, el diablo echará a alguno de vosotros en el cárcel, para que seáis probados, y tendréis tribulación por diez días. Sé fiel hasta la muerte, y yo te daré la corona de la vida" (Apocalipsis 2:10).

El diablo nos tienta para destruirnos, debilitando nuestra fe; y frenéticamente nos tienta para hacernos caer en la trampa del pecado. Adán y Eva tropezaron en esa misma clase de tentación a causa de los deseos de la carne, de los deseos de los ojos y de la vanagloria de la vida.

Cuando Jesús hubo ayunado cuarenta días, Satanás trató de tentarlo. Al percibir que Jesús tenía hambre, Satanás lo desafió tentándolo a que convirtiera piedras en pan. Luego lo tentó llevándolo al pináculo del templo y diciéndole que se lanzara desde allí. Por tercera vez Satanás tentó a Jesús diciéndole que le daría todos los reinos del mundo si se postraba y lo adoraba.

Aun hoy, nuestro enemigo emplea varios métodos para atraparnos. Si caemos en tal tentación, seremos quebrantados y atrapados en la miseria. Esa es la razón por la cual nuestro Señor nos dijo que oráramos para que no caigamos en tentación.

¿Por qué caemos en la tentación peiradzo?

Según Santiago 1:14, 15, "...cada uno es tentado, cuando de su propia concupiscencia es atraído y seducido. Entonces la concupiscencia, después que ha concebido, da a la luz el pecado; y el pecado, siendo consumado, da a luz la muerte."

Dios permite que seamos sometidos a tribulación y aflicción (aunque seamos heridos y suframos severos dolores), porque El quiere ver que estemos en buena relación con El. El quiere que nos arrepintamos y nos volvamos de los caminos que conducen a la destrucción, antes que nuestra concupiscencia conciba y dé a luz el pecado y finalmente la muerte.

El diablo, sin embargo, nos tienta cuando nuestra fe se debilita. Nos tienta cuando dejamos de leer las Sagradas Escrituras, cuando descuidamos la oración, cuando ya no estamos llenos del Espíritu Santo, y cuando nuestro servicio a Dios pierde entusiasmo. Si nuestra fe gradualmente se enfría, nuestro amor a Dios es reemplazado por el amor hacia el mundo; si comenzamos a andar en consejo de malos, estar en camino de pecadores y a sentarnos en la silla de escarnecedores, caeremos en la tentación del diablo. Si somos atrapados en esa trampa de la tentación, el maligno nos roba nuestra fe y nos deja condenados a una vida de miseria. El diablo trata de tentarnos con el apetito del mundo, la avaricia del dinero y los deseos de la carne. Puesto que recibimos esos deseos de Dios, es natural que los disfrutemos dentro del límite señalado por El. Nuestro deseo de usar buena ropa o de vivir en lugares cómodos no es malo en sí mismo. Y el poder que se obtiene por medios legales es dado por Dios. Pero cuando pasamos más allá de los límites de Dios y nos volvemos glotones que vivimos para comer, o nos dejamos dominar por la avaricia de hacer dinero por medios ilícitos o falsos, el diablo se introduce con seguridad y nos mete en un abismo interminable de destrucción. ¡Qué gran número de personas caen en destrucción por causa de que se dedican a hacer fortuna de una manera ilícita, a ser indulgentes en el lujo y en el robo!

Cuando somos dominados por el apetito del poder y consumidos por el orgullo, la tentación del diablo gana. Los intentos de tomar el poder por medios ilegales, como lo hizo el presidente

Kim Il-Sung de Corea del Norte, al sacrificar incontables vidas para satisfacer su ambición personal, pertenecen al orgullo de este mundo. El
que cae presa de esa tentación llega a ser sujeto
del juicio de Dios y va a la ruina. Los que están
dominados por los deseos de la carne, los deseos
de los ojos y la vanagloria de este mundo, parecen
vivir con comodidad, gloria y honra; pero Dios,
quien sabe todas las cosas, los juzgará; el placer
es sólo temporal.

¿Cómo podemos impedir la caída en tentación?

Jesús dijo que debemos orar para no caer en
tentación de la prueba, la tribulación y el sufrimiento, ya sea la que Dios permite o las que el
diablo traiga sobre nosotros. Si oramos, Dios nos
sostendrá para que no caigamos en la trampa.

¿Cómo, entonces, puede Dios guardarnos para
que no caigamos en la tentación que conduce a
la tribulación, el sufrimiento y la ruina, que nos
roba, mata y destruye? Debemos tener en mente
varias cosas para poder resistir la tentación con
éxito.

El conocimiento de la Palabra de Dios

En primer lugar, debemos tener conocimiento
de la Palabra de Dios. Cuando Jesús terminó de
ayunar cuarenta días, y Satanás lo metió en tentación, Jesús no se basó en ninguna teoría. El
rechazó la tentación del diablo citando la Palabra
de Dios: "Escrito está. . ." La Palabra de Dios es la
sabiduría de la sabiduría y el conocimiento de

los conocimientos. Ella brilló y brilla como la luz en medio de la oscuridad. Cuando Satanás trató de tentarlo a pedir que El convirtiera las piedras en pan, Jesús respondió: "Escrito está: No sólo de pan vivirá el hombre, sino de toda palabra que sale de la boca de Dios" (Mateo 4:4). Cuando Satanás trató de tentarlo para que se lanzara del pináculo del templo, Jesús citó la Palabra de Dios. Satanás lo desafió:

Si eres Hijo de Dios, échate abajo; porque escrito está: A sus ángeles mandará acerca de ti, y, en sus manos te sostendrán, para que no tropieces con tu pie en piedra. Jesús le dijo: Escrito está también: No tentarás al Señor tu Dios.

Mateo 4:6, 7

Luego Satanás llevó a Jesús a un monte alto y le mostró todos los reinos del mundo. Le dijo que daría todo a Jesús si sólo se postraba y adoraba a Satanás. Esa vez Jesús respondió: "... escrito está: Al Señor tu Dios adorarás, y a él sólo servirás" (Mateo 4:10).

Satanás luego dejó a Jesús, y los ángeles vinieron y le servían. Si atesoramos en nuestro corazón toda la Biblia, desde Génesis hasta Apocalipsis, siempre podemos derrotar las más engañosas asechanzas de Satanás, porque podemos ver la trampa.

Un hombre acudió a mí en busca de consejo. Me dijo:

—Pastor, tengo dos esposas. Después de mi matrimonio legal, establecí otro hogar con una mujer con la cual trabajaba. Ambas mujeres me aman y yo las amo a las dos. No puedo abandonar a ninguna de ellas. Cada una dice que no puede vivir sin mí. Puesto que yo trabajo fuertemente para sostener los dos hogares, creo que estoy manifestando caridad y haciendo lo correcto. Sin embargo, pienso en ello y padezco insomnio por las noche.

Obviamente él había caído en la trampa del diablo, pero no estaba enterado de ello. Le respondí:

—¿Ha oído usted alguna vez la Palabra de Dios? Uno de los diez mandamientos dice que no debemos cometer adulterio. Jesús también dijo que no debemos cometer adulterio, que es precisamente lo que usted está haciendo.

—¿Qué haré entonces? Si dejo de ir a una de las dos casas, esa mujer se morirá de hambre y hay hijos.

—Ajuste su vida de tal manera que no viole la ley de la moralidad. Usted puede proveer lo necesario para la mujer de la cual se separe, y escuela para los hijos. Cuando usted haga eso, estará haciendo lo correcto delante de Dios.

Si tenemos un conocimiento seguro de la Palabra de Dios, podemos resistir al diablo de una manera resuelta, sin importar la manera sutil en que trate de atraparnos. Cuando no dependemos de la Palabra de Dios, sino que tratamos de resolver nuestros problemas a nuestra manera y según nuestra sabiduría humana, caemos en la trampa del diablo.

Vivir por fe

En segundo lugar, debemos vivir por fe. Cuando el diablo nos tienta, nos causa intranquilidad y temor. Basado en nuestro ambiente: lo que vemos, oímos, tocamos, Satanás susurra: "Has fracasado. Ahora morirás. Estás arruinado. Todo ha terminado."

Si vivimos por fe, sin embargo, podemos confesar nuestra fe y marchar adelante diciendo: "Yo creo"; aunque no haya ninguna señal que veamos, oigamos o toquemos, que pueda estimularnos. ¿Por qué? Porque nuestra fe está fundada sobre la Palabra de Dios que no pasará. Cuando nos movemos hacia adelante teniendo la Palabra de la promesa, podemos pasar por el oscuro túnel hacia la luz en lado de afuera. Las palabras del hombre y del reino de esta tierra pasarán; las tendencias de los tiempos cambiarán. Pero ni una jota ni una tilde será abolida de la Palabra de Dios. Para mantenernos firmes contra la tentación, debemos vivir por fe, el fundamento de la cual es la Palabra de Dios.

Ser fieles a Dios

Tenemos que ser fieles a Dios. Todas las personas se dedican a alguna cosa. Uno vive para ganar dinero, otro para ganar poder. Algunos viven para el placer y otros están consumidos por el deseo urgente del juego. Cualquier cosa que sea, todos tienen algo para lo cual viven. Los cristianos, sin embargo, primero debemos ser fieles al altar de Dios; debemos buscar el reino de Dios y su justicia. Debemos amar a Dios y seguirlo con todo nuestro corazón, alma y mente. Cuando lo hacemos así, Dios nos ayuda para que no caigamos en tentación. Si Dios no está en el centro de nuestra vida, caeremos en la tentación permitida por Dios y en la tentación instigada por el diablo.

Perseverar y dar gracias a Dios

Cuando la prueba le viene a usted, no se queje ni murmure. Cuando hace eso, pronto comienza a hablar más acerca del diablo que de Jesucristo.

Cuando los hijos de Israel fueron probados en el desierto, continuamente murmuraban y se quejaban y suspiraban. No reconocían que Dios los estaba dirigiendo. En consecuencia, fueron absolutamente destruidos. Aunque la murmuración y las quejas se justifiquen, discipline usted sus pensamientos, porque la murmuración y el hecho de estar encontrando faltas en otras personas le favorece al diablo una buena oportunidad para destruirlo a usted. A medida que usted aprende a dar gracias a Dios por todo, recibe la ayuda del Señor para vencer la tentación.

Un hombre fue sentenciado a cincuenta años de cárcel cuando tenía cuarenta años de edad. Parecía que no había posibilidades de que pudiera llegar a la libertad. Al principio se airó con gran vehemencia. Le daba puntapiés a la puerta de la celda y sacudía los barrotes de la ventana. Escupía, rabiaba y gritaba como loco. Pero después de varios días de esa clase de ira, comprendió que era inútil. En ese momento encontró una Biblia en el rincón de la celda y comenzó a leerla.

En sus páginas encontró a Jesucristo, a quien confesó todos sus pecados. Pasó días derramando lágrimas.

Su perspectiva cambió. Ya no sentía esa sofocante desesperación, ni se sentía encerrado en la celda. Aunque estaba en la cárcel, se sentía más libre de lo que podía imaginarse. También experimentó un gozo que nunca antes había sentido. Comenzó a saltar y a dar vueltas de gozo y de acción de gracias en el piso de la celda.

Con el paso del tiempo, supo que su esposa y su hija se habían enfermado de cáncer. Aunque el tenía la responsabilidad de cuidarlas como esposo y padre, se encontraba impotente en la cárcel. Sintió una profunda frustración, pero era inútil quejarse. Más bien se dijo: "Puesto que no puedo hacer nada, ¿por qué no debo dar gracias a Dios aun por esta enfermedad?" Así que le dio gracias a Dios: "Señor, te doy gracias porque mi esposa tiene cáncer. También te doy gracias porque mi hija tiene cáncer." Pero algo maravilloso ocurrió. Después de algún tiempo, recibió noticias de que su esposa y su hija habían sido completamente sanadas. Como era un preso modelo, el período de cárcel se redujo a diez años, y posteriormente a cinco.

La acción de gracias es un atajo para llegar a vencer la tentación. A los que acuden a mí en busca de ayuda, les aconsejo: Den gracias en todo. Sea que los esposos hayan peleado, o que un hijo haya huido del hogar, o que alguien tenga una enfermedad mortal, o que haya un fracaso en los negocios, se debe recibir con fe la promesa de Romanos 8:28: "Y sabemos que a los que aman a Dios, todas las cosas les ayudan a bien, esto es, a los que conforme a su propósito son llamados."

La salud no es lo único que ayuda a bien; la enfermedad también ayuda a bien. No sólo el éxito en los negocios, sino también el fracaso ayuda a bien. No sólo la alabanza de otros, sino también las quejas ayudan a bien.

Cuando José fue vendido por sus hermanos mayores para la esclavitud, tenía diecisiete años. Fue esclavo durante quince años; pasó dos de ellos en la cárcel por una falsa acusación. Parecía que su vida se había arruinado. Pero José no murmuró ni se quejó. Más bien continuó dando gracias a Dios.

Con el correr del tiempo, José fue escogido para ser primero en el gobierno bajo la dirección del Faraón de Egipto. Por causa de una hambruna, los hermanos de José descendieron a Egipto para comprar comida. ¡Que sorprendidos estuvieron al encontrarse con José! Se inclinaron ante él y le mostraron la gratitud por su generosidad. Gracias a él se mudaron a Egipto; pero cuando su padre, Jacob, murió, los hermanos tuvieron temor de que José pudiera vengarse de ellos. Pero José veía las cosas de una manera diferente. El dijo: "Vosotros pensasteis mal contra mí, mas Dios lo encaminó a bien, para hacer lo que vemos hoy, para mantener en vida a mucho pueblo" (Génesis 50:20).

Por más que, con toda la fuerza, otros traten de hacerle mal a usted, Dios lo convierte en bien, si usted confía en que El hará que todas las cosas ayuden a bien. Las personas necias que sólo aceptan los bocados dulces y apartan de su boca todas las hierbas amargas, no pueden hacer otra cosa que caer en la tentación. Dios obra para que todas las cosas ayuden a bien.

Hemos analizado el cuadro total de nuestro pasado, presente y futuro. Dé gracias a Dios porque usted ha peleado con su esposa. Si sus hijos se han fugado del hogar y le dan fuertes puntapiés a la puerta, ofrezca una oración de acción de gracias: "Padre, mi hijo se ha ido del hogar. Aunque no sé dónde está, te doy las gracias. Si lo haces volver a casa, estaré aun más agradecido." Si su negocio no anda normalmente, dé gracias. La Biblia dice: "El que sacrifica alabanza me honrará; y al que ordena su camino, le mostraré la salvación de Dios" (Salmo 50:23). Ese versículo nos dice que el sacrificio de acción de gracias prepara el camino para que el Señor nos envíe rápidamente la ayuda. Por tanto, debemos de dar gracias en todo para que no caigamos en tentación.

Recordemos que Dios, nuestro Padre, no quiere que caigamos en destrucción mediante el sufrimiento, las pruebas y las tribulaciones. Jesús nos mandó que le pidamos siempre a Dios que no nos meta en tentación.

Si desobedecemos a Dios y nos llenamos de avaricia, Dios permite que seamos probados con *peiradzo*. Pero la mayor parte de las pruebas nos vienen de Satanás, quien trata de robarnos, matarnos y destruirnos. Cuando somos indulgentes en la concupiscencia, por causa de nuestra débil

fe, el diablo salta sobre nosotros con una ase-
chanza que puede destruirnos.

Tal como Jesús nos enseñó, debemos orar: "No
nos metas en tentación." Con el conocimiento
cierto de la Palabra de Dios en nuestro corazón,
debemos mantener firmes nuestra fe, y evitar la
tentación mediante la constante acción de gracias a Dios por todas las cosas. Pero aun si nos
encontramos con la tentación, no tenemos que
caer en ella, pues tenemos un Dios que puede
librarnos del mal.

6
Líbranos del mal

Nadie puede negar el hecho de que el bien y el mal existen. Pero cuando Adán y Eva vivieron en el huerto de Edén, sólo conocían el amor eterno, la obediencia y el compañerismo espiritual. Cuando Adán y Eva cayeron, el mal y su fuerza inundaron este mundo.

A pesar de las leyes severas y el castigo, el mal se multiplica como una epidemia. ¿Pero cuál es el centro del mal?

El sexto punto que Jesús nos enseñó en su oración es el siguiente: "Líbranos del mal." El texto griego del cual se tradujeron esas palabras significa: "Líbranos de la mano del inicuo"; y "el inicuo" se refiere al diablo o Satanás. Examinemos el origen del inicuo, sus actividades y nuestra manera de resistirlo.

El origen del inicuo

Las personas preguntan repetidamente: "¿Por qué Dios hizo al perverso enemigo, el diablo, y le permitió infligir destrucción a este mundo?" Pero Dios no hizo al inicuo.

La Biblia dice que el primer estado del diablo

no fue malo. Fue creado por Dios. Pero cuando el orgullo lo impulsó a tratar de usurpar la autoridad de Dios, cayó y se convirtió en el perverso Satanás. Acerca de Lucifer, antes que cayera y llegara a ser Satanás, la Biblia dice:

> En Edén, en el huerto de Dios estuviste; de toda piedra preciosa era tu vestidura; de cornerina, topacio, jaspe, crisólito, berilo y ónice; de zafiro, carbunclo, esmeralda y oro; los primores de tus tamboriles y flautas estuvieron preparados para ti en el día de tu creación. Tú, querubín grande, protector, yo te puse en el santo monte de Dios, allí estuviste; en medio de las piedras de fuego te paseabas.
>
> Ezequiel 28:13, 14

Ese pasaje indica que en el principio, cuando Dios creó los cielos y la tierra, el planeta estaba ocupado por Satanás. La tierra que habitamos ahora no es la original que Dios creó en Génesis 1:1.

La tierra existió millones de años antes que el hombre apareciera. Y el arcángel que tomó a su cargo esta tierra fue Lucifer.

Antes de la caída, Lucifer gobernaba esta tierra según la voluntad de Dios. Lucifer alababa a Dios con cánticos bellos y le daba la gloria a El. Pero tan pronto como el orgullo surgió en su corazón y se rebeló contra El, Dios lo sacó de Edén y lo sometió a un terrible juicio. La antigua tierra llegó a estar desordenada y vacía; y las tinieblas se movían sobre la superficie del abismo. Lucifer llegó a ser Satanás y tomó el poder del aire.

Los antropólogos afirman que el origen de la vida animal en la tierra se remonta a miles de millones de años (se basan en datos de fósiles o huesos que han conseguido en las excavaciones). Eso no está en conflicto con la narración bíblica. En aquella tierra, aquel primer Edén donde dominaba Lucifer, había montañas, arroyos, plantas y árboles. Algunos teólogos sostienen que también hubo seres humanos.

Pero por causa de la caída de Lucifer, Dios pronunció un pavoroso juicio sobre la tierra, el cual causó el desorden. Las montañas, los arroyos, las plantas y los árboles quedaron sepultados; los fósiles y el petróleo son los restos de animales que vivieron en el primer Edén.

En Génesis 1:2 se nos describe el proceso de transformación a que fue sometida la tierra: "Y la tierra estaba desordenada y vacía, y las tinieblas estaban sobre la faz del abismo, y el Espíritu de Dios se movía sobre la faz de las aguas." Después que Dios transformó la tierra que había estado en el caos, creó a Adán y a Eva y los puso para que vivieran allí.

La tierra que Dios transformó en el segundo Edén tiene ahora unos seis mil años de existencia. Al tomar la forma de una serpiente y tentar a Adán y Eva, Lucifer volvió a cambiar la tierra en el mundo miserable que conocemos hoy.

¿Por qué Lucifer se convirtió en el diablo? Ezequiel 28 continúa describiendo la situación posterior:

Perfecto eras en todos tus caminos desde el día que fuiste creado, hasta que se halló en ti maldad. A causa de la multitud de tus contrataciones fuiste lleno de iniquidad, y pecaste por lo que yo te eché del monte de Dios, y te arrojé de entre las piedras de fuego, oh querubín protector. Se enalteció tu corazón a causa de tu hermosura, corrompiste tu sabiduría a causa de tu esplendor; yo te arrojaré por tierra; delante de los reyes te pondré para que miren en ti.

Ezequiel 28:15-17

La caída de Lucifer y su destierro del antiguo Edén, la antigua tierra, fueron causados por el orgullo. Leemos en Proverbios: "Antes del quebrantamiento es la soberbia, y antes de la caída la altivez de espíritu" (16:18). Isaías escribió con respecto al orgullo de Lucifer:

¡Cómo caíste del cielo, oh Lucero, hijo de la mañana! Cortado fuiste por tierra, tú que debilitabas a las naciones. Tú que decías en tu corazón: Subiré al cielo; en lo alto, junto a las estrellas de Dios, levantaré mi trono, y en el monte del testimonio me sentaré, a los lados del norte; sobre las alturas de las nubes subiré, y seré semejante al Altísimo. Mas tú derribado eres hasta el Seol, a los lados del abismo.

Isaías 14:12-15

¿Cómo puede la criatura, el hijo de la mañana, sentarse en el mismo puesto que el Creador?

¿Cómo puede la criatura portarse como el Creador? El apóstol Pablo nos exhorta: "...no sea que envaneciéndose caiga en la condenación del diablo" (1 Timoteo 3:6). Eso significa que el orgullo fue el pecado por el cual se condenó al diablo.

¿De dónde han venido los numerosos espíritus y demonios? La Biblia responde esa pregunta: "También apareció otra señal en el cielo: he aquí un gran dragón escarlata, que tenía siete cabezas y diez cuernos, y en sus cabezas siete diademas; y su cola arrastraba la tercera parte de las estrellas del cielo, y las arrojó sobre la tierra" (Apocalipsis 12:3, 4).

El dragón que fue echado del cielo es Satanás, que al caer llevó consigo la tercera parte del ejército de los cielos. Esos ángeles caídos están en el mundo, e interfieren en la obra de Dios, causando problemas al pueblo de Dios y esforzándose para llevar a los no creyentes por el camino de destrucción.

Las obras de Satanás y sus seguidores

Satanás y sus seguidores hacen el mal, no sólo a nivel individual, sino también a los estados y a nivel internacional. Pueden incitar e incitan a un individuo o a una nación para que se rebele contra Dios. Pueden atraer a un pueblo hacia el ateísmo. Conducen a un pueblo hacia la depravación moral y a la destrucción económica. Jesús dijo: "El ladrón no viene sino para hurtar y matar y destruir" (Juan 10:10). Examinemos las obras de Satanás y sus seguidores según la Biblia.

Los espíritus inmundos

La Biblia dice: "Entonces llamando a sus doce discípulos, [Jesús] les dio autoridad sobre los espíritus inmundos, para que los echasen fuera, y para sanar toda enfermedad y toda dolencia" (Mateo 10:1).

Analicemos el torrente de inmundicia, lascivia y depravación moral que prevalecen en el mundo.

Recientemente me alarmé al oír la siguiente historia. Se dice que en las casas y bares *gisaeng* de las clases altas de Corea la gente se entrega a fiestas suntuosas y desenfrenadas con bebidas alcohólicas y orgías sexuales; aún en el día se manifiesta inmundicia, obscenidad y conducta licenciosa. A menos que tal conducta licenciosa, sensualidad y prácticas corruptas de los ricos y los poderosos se detengan, rápidamente se difundirán como una epidemia y devastarán toda nuestra tierra.

¿De dónde viene tal lascivia y depravación moral? De los espíritus inmundos que obran tras bastidores. Esos espíritus degradan las familias y la sociedad, así como también a los individuos.

A menos que los cristianos renovemos el ambiente de nuestra familia y purifiquemos la atmósfera de nuestra sociedad, echando fuera los espíritus inmundos, no podremos impedir que la mente de nuestros hijos sea contaminada por la perversidad que fluye en nuestras ciudades como ríos que se desbordan. La Iglesia tiene que levantarse y atar esos espíritus inmundos con fe y oración, porque eso no se puede hacer sólo con la fuerza y la capacidad humana.

Los malos espíritus

Los espíritus malos hacen que nos rebelemos. Atribulan nuestro corazón y nos hacen víctimas de la envidia y de los celos; producen divisiones destructivas en nuestra mente. El rey Saúl tenía un espíritu malo: "El Espíritu de Jehová se apartó de Saúl, y le atormentaba un espíritu malo de parte de Jehová" (1 Samuel 16:14).

Si Hitler no hubiera estado poseído por un espíritu malo, jamás habría comenzado la guerra, ni habría matado a millones de personas. Alguien me dijo en Alemania que la alfombra del piso del avión de Hitler había sido destrozada como si hubiera sido cortada con un filoso cuchillo. Se me dijo que Hitler la había hecho pedazos con sus uñas. Se dice que aun la mesa del comedor estaba manchada con las abundantes lágrimas que derramaba. Como resultado de estar poseído de un espíritu malo, Hitler devastó a Europa y asesinó a seis millones de judíos.

El suicidio en masa de un grupo llamado Templo del Pueblo es otro incidente donde un ocultista estaba poseído por un espíritu malo. Jim Jones, su líder, convenció a novecientas personas para que tomaran una bebida preparada con cianuro. ¡Qué fin horrible y peligroso pueden tener las herejías y las extrañas doctrinas! ¿Quién puede garantizarnos que tal incidente no se repetirá?

El Nuevo Testamento también se refiere a los malos espíritus que traen locura al pueblo: "Y cuando llegó la noche, trajeron a él muchos endemoniados; y con la palabra echó fuera a los demonios, y sanó a todos los enfermos" (Mateo 8:16).

No ha habido tiempo en la historia en que los malos espíritus hayan prevalecido tanto como ahora. Los hospitales mentales están llenos en todo el mundo. Las cartas que recibo de todos los países confirman un problema avasallador: Con el surgimiento de la urbanización y la industrialización, los hombres y las mujeres se sienten como componentes de una máquina. Sufren de esterilidad espiritual, gimen bajo la pesada carga de su mente. Aprovechando este momento, los espíritus malos entran apresuradamente, y traen intranquilidad, mal humor, desilusión y frustración a los que no son creyentes. Y aun producen personalidades dobles. ¡Cuán agradecidos debemos estar los cristianos de que podemos resistir al enemigo cuando sentimos que la opresión trata de apoderarse de nosotros!

Espíritus seductores y mentirosos

El espíritu de mentira tiene a las personas para que crean en la mentira, y luego las conduce a la destrucción. "Y él dijo: Saldré y seré espíritu de mentira en la boca de todos sus profetas. Y Jehová dijo: Tú le inducirás, y lo lograrás; anda y hazlo así" (2 Crónicas 18:21).

Jesús nuestro Señor es el camino, la verdad y la vida. Los que tienen a Jesús en el centro de su corazón heredarán la vida eterna. Pero todos los que son engañados por los espíritus de mentira, los que sólo viven por amor de los deseos de la carne, los deseos de los ojos, y los placeres de este mundo caerán en eterna destrucción.

Los espíritus de seducción son semejantes a los espíritus de mentira. "Pero el Espíritu dice claramente que en los postreros tiempos algunos apostatarán de la fe, escuchando espíritus engañadores y a doctrinas de demonios" (2 Timoteo 4:1).

Hoy prevalecen los espíritus engañadores y las doctrinas de demonios. El comunismo es la peor clase de espíritu engañador y de enseñanza demoniaca en la historia humana. Los comunistas proclaman un paraíso donde todos disfrutan de igualdad y libertad. Pero cuando se examina el interior de esos países, se descubre que la inmensa mayoría del pueblo vive en un miserable estado de esclavitud, sin libertad de prensa ni de movimiento; mientras sólo algunos de la clase gobernante satisfacen sus deseos.

Esos espíritus engañadores y doctrinas de demonios también se hallan en los círculos religiosos. Algunos tal vez digan que las personas no puedan tener la vida eterna, a menos que se reúnan en cierto lugar, donde ha de llegar el reino milenario. Por supuesto, eso es una mentira; pero un espíritu engañador puede convencer a las personas de que las mentiras están llenas de verdad.

Espíritu de adivinación

"Aconteció que mientras íbamos a la oración, nos salió al encuentro una muchacha que tenía espíritu de adivinación, la cual daba gran ganancia a sus amos, adivinando" (Hechos 16:16).

Al comienzo de cada año, muchas personas que no son creyentes en Cristo — políticos, hombres de negocio, ricos y pobres — se ocupan en consultar con los adivinos de la suerte. Acuden a los adivinos con la esperanza de oír que van a tener buena suerte, a pesar de la intranquilidad que sienten con respecto al futuro. Pero luego, después de haber oído la buena suerte, se preguntan con desasosiego si la información que recibieron es cierta. Los cristianos deben tener el cuidado de no caer en ese engaño. Las bendiciones vienen naturalmente cuando vivimos diligentemente con fe, esperanza y amor, creyendo en Dios y siguiendo a Jesucristo. La Palabra de Dios así lo declara.

Espíritus que causan dolencias físicas

El diablo también produce ceguera y mudez. "Entonces fue traído a él un endemoniado, ciego y mudo; y lo sanó, de tal manera que el ciego y mudo veía y hablaba" (Mateo 12:22).

Por supuesto, no todos los ciegos y mudos están poseídos por los demonios. Algunos nacen sin el nervio óptico, o tienen órganos vocales no desarrollados. Pero muchas personas llegan a estar ciegas y mudas cuando son poseídas por el demonio.

Vi a una persona muda cuyo caso era tan grave que los médicos se rindieron con respecto a que hubiera alguna esperanza de cura. Pero cuando oré por él en el nombre de Jesucristo, su lengua se soltó y volvió a hablar. También vi a una persona ciega, que no tenía esperanza de volver a ver; pero abrió los ojos cuando un espíritu malo fue echado en el nombre de Cristo. Con respecto a un espíritu sordo, la Biblia dice: "Y cuando Jesús vio que la multitud se agolpaba, reprendió al espíritu inmundo, diciéndole: Espíritu mudo y sordo, yo te mando, sal de él, y no entres más en él" (Marcos 9:25).

Por supuesto, hay personas que nacieron sin tímpanos y hay otras cuyos tímpanos han sido destruidos. Pero también hay otros que no pueden oír por causa de espíritus sordos. Si esos espíritus son echados en el nombre de Jesucristo, el oído puede ser restablecido milagrosamente de manera inmediata.

La Biblia dice que el diablo produce toda clase de enfermedades: "...cómo Dios ungió con el Espíritu Santo y con poder a Jesús de Nazaret, y cómo éste anduvo haciendo bienes y sanando a todos los oprimidos por el diablo, porque Dios estaba con él" (Hechos 10:38).

Las enfermedades causadas por el diablo pueden ser curadas temporalmente mediante una operación o mediante el uso de drogas. Pero el tratamiento más fundamental consiste en echar el demonio de los que lo posean con intensa oración, porque entonces la salud se restaura de una manera natural.

La personalidad del diablo

Los seguidores de la teología liberal tratan de no reconocer la presencia del diablo como un ser que tiene personalidad. Atribuyen la existencia del mal a la estructura social, a las malas políticas y a la desigualdad en la distribución de las riquezas. Ese pensamiento está lejos de las enseñanzas de la Biblia. Si es cierto lo que esas personas alegan, ¿por qué el porcentaje de suicidios aumenta cada año y también la conducta licenciosa y la disipación prevalecen en los países escandinavos que tienen sólidas estructuras sociales? ¿Qué diremos acerca de los países comunistas, que afirman tener una distribución equitativa de la riqueza, o de los Estados Unidos de América que se jacta de tener una gran riqueza material?

El mal prevalece sobre la tierra, no por causa de los malos sistemas sociales, ni por causa de la injusta distribución de la riqueza; sino por causa del diablo que es la fuente de todo mal. Dondequiera que está el diablo, siempre aparece el mal disfrazado de diversas maneras.

En el Antiguo Testamento, Adán cayó por causa de la intriga que le presentó el diablo. En manos de él, Job cayó en el abismo de la miseria, y David fue horriblemente tentado. En el Nuevo Testamento, el diablo tentó a Jesús; entró en el corazón de Judas Iscariote e hizo que traicionara a Cristo. Los apóstoles, Pedro, Pablo y Santiago, nos dieron repetidas exhortaciones en cuanto la obra de Satanás.

> Sed sobrios, y velad; porque vuestro adversario el diablo, como león rugiente, anda alrededor buscando a quien devorar; al cual resistid firmes en la fe, sabiendo que los mismos padecimientos se van cumpliendo en vuestros hermanos en todo el mundo.
>
> **1 Pedro 5:8, 9**

Porque no tenemos lucha contra sangre y carne, sino contra principados, contra potestades, contra los gobernadores de las tinieblas de este siglo, contra huestes espirituales de maldad en las regiones celestes.

Efesios 6:12

Someteos, pues, a Dios; resistid al diablo, y huirá de vosotros.

Santiago 4:7

Hasta ahora hemos visto la obra del diablo y de sus seguidores, pero ese conocimiento no es lo único que necesitamos. Necesitamos resistir los ataques del diablo y de sus seguidores que incesantemente buscan nuestra vida. Tenemos que echar al diablo si está causándonos problemas en nuestro ambiente y en nuestras familias.

Somos los vencedores

En esta época los malos espíritus, porque saben que su tiempo es corto, están haciendo un desesperado esfuerzo para causar problemas a los que intensamente buscamos a Dios. La manera de sacar al diablo y a sus malos espíritus no es otra que mediante la oración y el ayuno.

Cuando los malos espíritus perturban nuestro espíritu, o cuando nos enfrentamos a un gran problema, tenemos que orar y ayunar, suprimir todos nuestros deseos mientras le suplicamos a Dios. El ayuno nos ayuda a concentrar nuestros pensamientos en Dios y abre el canal para que recibamos el máximo poder de El. Cuando los discípulos le preguntaron a Jesús por qué ellos no habían podido echar fuera un espíritu malo, El respondió: "Este género no sale sino con oración y ayuno" (Mateo 17:21).

Pero nunca debemos olvidar que Satanás es un enemigo derrotado. Jesucristo, haciendo un espectáculo público de los principados y poderes del mal, que trataban de robarnos, matarnos y destruirnos, los desarmó y triunfó sobre ellos en la cruz.

> . . . anulando el acta de los decretos que había contra nosotros, que nos era contraria, quitándola de en medio y clavándola en la cruz, y despojando a los principados y a las potestades, los exhibió públicamente, triunfando sobre ellos en la cruz.
>
> Colosenses 2:14, 15

Satanás no tiene poder ahora ante Jesucristo y su nombre, porque mediante la resurrección El venció la muerte, la principal arma de Satanás. Satanás y sus seguidores ya no tienen poder sobre los que creemos en Jesucristo como Salvador. Se nos ha dado la autoridad del nombre de Jesús, la cual fácilmente puede derrotar el poder de Satanás. Leemos en Lucas 10:18 y 19: "Y [Jesús] les dijo: Yo veía a Satanás caer del cielo como un rayo. He aquí os doy potestad de hollar serpientes y escorpiones, y sobre toda fuerza del enemigo, y nada os dañará."

¡Cuán grande es ese poder! Los que aceptamos a Jesucristo como Salvador y vivimos cerca de El tenemos "poder para hollar serpientes y escorpiones, y sobre toda fuerza del enemigo". En el momento en que creemos en Cristo, llegamos a ser vencedores. La Biblia dice: "Hijitos, vosotros sois de Dios, y los habéis vencido; porque mayor es el que está en vosotros, que el que está en el mundo" (1 Juan 4:4).

Dios, quien es omnisciente, omnipotente y omnipresente, y ante quien nada en este mundo puede resistir, está en nuestro corazón en persona. Por tanto, aunque el diablo y sus espíritus malos vengan por un solo camino, huirán por siete caminos.

Jesús nos enseñó a los que hemos llegado a ser hijos de Dios que oremos para que seamos librados del mal. Ese es un privilegio que les corresponde a los hijos de Dios. Si los hijos de Dios están aún oprimidos por el diablo, es algo vergonzoso que aflige a Dios.

No debemos dejar de orar ningún día para que Dios nos libre del mal, porque entonces triunfarán y serán libradas de la mano del inicio nuestras familias, sociedades y naciones. Como conocemos el verdadero carácter del diablo, nuestro enemigo, estemos incesantemente armados con la Palabra de Dios y con la oración. El Espíritu Santo ha prometido ayudarnos. Nuestro espíritu, alma y ambiente pueden llegar a mejorar día tras día con las bendiciones de Dios.

7
Jesucristo vendrá otra vez

Hasta ahora hemos fijado nuestros pensamientos en la Palabra de Dios, para poder orar como Cristo nos enseñó. Como tenemos a Jesucristo con nosotros, podemos pedir que el nombre del Padre y la voluntad de su reino sean glorificados y vengan a estar entre nosotros. Podemos pedir que nuestro buen Dios nos dé el pan cotidiano, que perdone nuestros pecados y nos libre del mal. ¿Pero termina aquí nuestra oración al Padre? No. Al final de su oración, Jesús nos enseñó cómo debemos orar con relación al mundo futuro. Analicemos esos puntos.

El reino, el poder y la gloria

"...porque tuyo es el reino, y el poder, y la gloria, por todos los siglos."

El significado de ese versículo, que encontramos en Mateo 6:13, es que el reino y el poder y la gloria de este mundo, tanto pasado como presente y futuro, pertenecen a Dios. El supremo gobernante de todas las cosas es Dios el Padre.

El rey David, el mayor y más valiente entre los reyes de Judá, alabó a Dios en conformidad con esos principios cuando entregó el trono a su hijo Salomón, y le encomendó la tarea de edificar el templo a Dios:

> Tuya es, oh Jehová, la magnificencia y el poder, la gloria, la victoria y el honor; porque todas las cosas que están en los cielos y en la tierra son tuyas. Tuyo, oh Jehová, es el reino, y tú eres excelso sobre todos.
>
> 1 Crónicas 29:11

Dios tiene hoy toda la autoridad en su mano, y la volverá a tomar en el último tiempo para establecer su reino, es decir el nuevo cielo y la nueva tierra. En consecuencia, cuando oramos: "...porque tuyo es el reino, y el poder, y la gloria por todos los siglos", tenemos que imaginarnos el nuevo cielo y la nueva tierra que serán hechos por el soberano poder de Dios. Es especialmente importante que nosotros que vivimos ahora cuando la venida del Señor está cerca, sepamos con toda exactitud lo que ocurrirá en los últimos días, para que podamos orar en armonía con la voluntad de Dios.

Cuando Jesús se encontraba mirando el templo de Jerusalén, sus discípulos le preguntaron: "Dinos, ¿cuándo serán estas cosas, y qué señales habrá de tu venida, y del fin del siglo?" (Mateo 24:3)

Jesús respondió:

> Mirad que nadie os engañe. Porque ven-

drán muchos en mi nombre, diciendo: Yo soy el Cristo; y a muchos engañarán. Y oiréis de guerras y rumores de guerras; mirad que no os turbéis, porque es necesario que todo esto acontezca; pero aún no es el fin.

Mateo 24:4-6

El pasó a decir que habrá intranquilidad a nivel mundial, y que vendrá persecución contra los que creen en El. Habrá hambres y terremotos. El evangelio será predicado en todo el mundo como testimonio a todas las naciones. Entonces vendrá el fin.

Han pasado dos mil años desde el día en que los discípulos hicieron esa pregunta a Jesús en el monte de los Olivos. Tanto la historia como nuestra experiencia indican que todas esas señales que fueron profetizadas para los últimos días se están cumpliendo. Se han levantado más falsos profetas que en cualquier otra época de la historia. Han perseguido a la Iglesia, el cuerpo de Cristo, y la han engañado. Ha habido guerras, persecuciones y terremotos, y el evangelio de Jesucristo está siendo predicado en todas las naciones del mundo. El fin, al cual se refirió nuestro Señor en su profecía, está dos mil años más cerca que cuando vivieron los discípulos. Y aun podemos hacer la misma pregunta a Jesús: "Señor, dinos, ¿cuándo serán estas cosas, y qué señal habrá de tu venida, y del fin del siglo?"

La Palabra de Dios todavía explica lo que ha de ocurrir en los últimos días y el plan de El para el fin del mundo.

Profecías del Antiguo Testamento con respecto a los últimos días

Daniel, el libro del Antiguo Testamento que fue escrito hace dos mil años aproximadamente, registra de manera exacta los acontecimientos de la época actual, como si un historiador hubiera escrito de los sucesos pasados. Mediante una imagen que el rey Nabucodonosor vio en un sueño, de la cual se nos habla en Daniel 2:36-45, el Espíritu Santo nos revela toda la historia europea hasta el fin del mundo.

Unos seiscientos años antes de Cristo, el rey Nabucodonosor, quien gobernaba en un inmenso imperio babilónico, tuvo una pesadilla horrorosa terrible, pero cuando despertó por la mañana no pudo recordar nada del sueño. El rey reunió a todos sus magos, astrólogos y adivinos y les ordenó, bajo la amenaza de muerte, que recordaran el sueño y le dieran su interpretación.

Daniel y tres jóvenes, Sadrac, Mesac y Abednego, que habían sido llevados de Israel en cautividad, también estuvieron bajo esa amenaza. Dios, el Padre, que oyó las oraciones de Daniel y sus amigos, le mostró a Daniel el sueño del rey Nabucodonosor y le dio sabiduría para interpretarlo. Ese sueño era una sinopsis de la historia del mundo desde el tiempo de Babilonia hasta el fin del mundo. Daniel se presentó ante el rey y le dijo:

> Tú, oh rey, veías, y he aquí que una gran imagen. Esta imagen, que era muy grande, y cuya gloria era sublime, estaba en pie

delante de ti, y su aspecto era terrible. La cabeza de esta imagen era de oro fino; su pecho y sus brazos, de plata; su vientre y sus muslos, de bronce; sus piernas de hierro; sus pies, en parte de hierro y en parte de barro cocido. Estabas mirando, hasta que una piedra fue cortada, no con mano, e hirió a la imagen en sus pies de hierro y de barro cocido, y lo desmenuzó. Entonces fueron desmenuzados también el hierro, el barro cocido, el bronce, la plata y el oro, y fueron como tamo de las eras del verano, y se los llevó el viento sin que de ellos quedara resto alguno. Mas la piedra que hirió a la imagen fue hecha un gran monte que llenó toda la tierra.

Daniel 2:31-35

Sí, el rey sabía que eso era lo que había soñado, entonces aceptó la interpretación que Daniel le dio: Nabucodonosor era la cabeza de oro de esta imagen. Daniel le dijo: "Y después de ti se levantará otro reino inferior al tuyo", representado por la plata y dividido en dos. Pero ese reino había de perecer y un reino de bronce, que es más fuerte que la plata, había de tomar su lugar, el cual a su vez caería ante un reino de hierro, más fuerte que el bronce, el cual se dividiría en dos. Finalmente la tierra debía ser dominada por un reino de "diez dedos".

La interpretación de Daniel ha sido probada a través de la historia. Como Daniel dijo, Babilonia cayó pronto ante los medos v persas, y esos dos

reinos gobernaron alternadamente a Babilonia.
Los medos y los persas eran los brazos de plata
de la estatua. Debajo del pecho de plata estaba
el vientre de bronce, que representaba el período
helenista de Alejandro el Grande de Macedonia,
quien venció a los medos y a los persas. Ese reino
de bronce no sólo llegaba hasta el vientre sino
también hasta los muslos, los cuales represen-
taban a Roma, imperio que surgió en el tercer
siglo antes de Cristo. Roma conquistó a Grecia y
asumió el control sobre todo el mundo occidental, pero pronto se dividió en dos: el imperio oriental y el imperio occidental. El imperio romano,
que era el occidental, cayó en el año 476 d. C., y
el imperio oriental cayó en 1453 d. C.

Ahora sólo queda por cumplirse un período: el
período de los diez dedos de los pies, cuando las
diez naciones de Europa se reúnan en torno a la
región que en aquel tiempo era Roma. Desde ese
momento, comienza el fin del mundo. La interpretación de Daniel se refiere a una piedra, Jesucristo, que vendrá al fin del mundo. Isaías también se refiere a esa piedra: "... por tanto, Jehová
el Señor dice así: He aquí que yo he puesto en
Sion por fundamento una piedra, piedra probada,
angular, preciosa, de cimiento estable; el que creyere, no se apresure" (Isaías 28:16)

Cuando Jesucristo regrese a esta tierra, para
destruir y juzgar a los "dedos" de los pies, la
historia de la humanidad habrá llegado a su fin.
Así como la piedra llenó toda la tierra, el reino
de Jesucristo, el reino eterno de Dios, cubrirá toda
la tierra.

Dios reveló esa sinopsis de la historia humana por segunda vez a fin de reforzar la validez de esa revelación.

La segunda revelación se halla registrada en Daniel 7:1-14. Ese fue el año del reinado de Belsasar, nieto del rey Nabucodonosor. Esa vez Dios habló acerca de las cosas futuras representándolas mediante animales.

En un sueño, Daniel vio cuatro grandes bestias que salían del mar. La primera era un león con alas como de águila, que representaba a Nabucodonosor. Las alas de águila significaban que él conquistaría y gobernaría muy pronto todo el mundo.

La segunda bestia era como un oso que se alzaba más de un costado que del otro, y se estaba comiendo tres costillas. El cuerpo más levantado de un lado que del otro significaba que, aunque ese fue un reino unido de los medos y los persas, Persia tomó supremacía sobre los medos. Las tres costillas que el oso tenía en la boca significaban que tres reinos pacíficos serían ocupados por los medos y los persas: Babilonia, Libia y Egipto.

La tercera bestia era un leopardo que tenía cuatro alas y cuatro cabezas. Nadie podía competir con un animal tan rápido como ése. Representaba a Alejandro el Grande y a sus cuatro generales. A la edad de treinta años, Alejandro conquistó a los medos y a los persas. Marchó hacia lo que ahora se conoce con los nombres de Siria, Egipto e Irán, y los puso bajo los cascos de su caballo. Cuando murió de fiebre, sin embargo, sus generales dividieron el reino en cuatro partes. Y los cuatro reinos pelearon ferozmente, se engañaron y se destruyeron el uno al otro hasta que finalmente fueron conquistados por Roma.

La cuarta bestia que Daniel vio era espantosa y terrible, y tenía dientes de hierro. Devoraba y desmenuzaba todo lo que alcanzaba. Esa era una representación de Roma, imperio que conquistó el inmenso territorio que se extiende desde Europa hasta la frontera de la India: el más grande imperio de la historia humana.

Mientras Daniel miraba los cuernos de esa bestia, un pequeño cuerno se levantó de entre los diez y arrancó tres de los que había en la cabeza del animal. En ese pequeño cuerno había ojos, como ojos de hombre y una boca que hablaba grandes cosas. Cuando esos aparecieron, el juicio comenzó.

La visión de Daniel también indica que diez naciones estarán unidas en lo que fue el territorio antiguo de Roma. Los dedos de los pies de la estatua del sueño de Nabucodonosor y los diez cuernos de esa bestia indican que diez países europeos se unirán en el transcurso del tiempo. El cuerno pequeño que surgirá entre los diez cuernos simboliza al anticristo que se levantará entre los diez países y unificará a tres de ellos. El someterá a los siete restantes bajo su mano y dominará como dictador al mundo entero; hablará palabras que resistirán al Señor Dios, hasta que finalmente Dios lo juzgará. En su visión, Daniel claramente vio la imagen de Dios el juez:

Estuve mirando hasta que fueron puestos tronos, y se sentó un Anciano de días, cuyo vestido era blanco como la nieve, y el pelo de su cabeza como lana limpia; su trono llama de fuego, y las ruedas del mismo, fuego ardiente. Un río de fuego procedía y salía de delante de él; millares de millares le servían, y millones de millones asistían delante de él; el juez se sentó, y los libros fueron abiertos. Yo entonces miraba a causa del sonido de las grandes palabras que hablaba el cuerno; miraba hasta que mataron a la bestia, y su cuerpo fue destrozado para ser quemado en el fuego. Habían también quitado a las otras bestias su dominio, pero les había sido prolongada la vida hasta cierto tiempo. Miraba yo en la visión de la noche, y he aquí con las nubes del cielo venía uno como un hijo de hombre, que vino hasta el Anciano de días, y le hicieron acercarse delante de él. Y le fue dado dominio, gloria y reino, para que todos los pueblos, naciones y lenguas le sirvieran; su dominio es dominio eterno, que nunca pasará, y su reino uno que no será destruido.

Daniel 7:9-14

Eso se refiere al reino milenario de Jesucristo, Dios tomará al anticristo y lo lanzará en el lago de fuego y azufre. Los que siguieron al anticristo también serán lanzados en el lago de fuego, y Jesucristo vendrá a esta tierra y reinará para siempre con los santos. En el pasado, la gente no ha entendido cuándo podrían ocurrir estas cosas. Las personas leían eso con un vago entendimiento. Pero nosotros, los que vivimos ahora, somos testigos de las señales de nuestra generación y estamos seguros de que el día de la venida del Señor está cercano.

Cumplimiento de la profecía

¿Estamos realmente en los últimos tiempos? ¿El antiguo territorio romano está siendo restaurado? ¿La edad de los diez dedos o de los diez cuernos comenzará pronto? ¿La aparición del anticristo y el fin del mundo están cerca?

La Biblia decía que la señal más conspicua del fin de la tierra sería la independencia de Israel. En el año 70 d. C., Israel fue dominado y devastado por Roma, como recompensa por haber crucificado a Jesucristo. Los judíos fueron esparcidos por todo el mundo y vivieron como extranjeros y vagabundos durante dos mil años. Históricamente, los israelitas fueron un pueblo errante sin patria; pero el 14 de mayo de 1948 establecieron un estado nacional independiente dirigido por David Ben-Gurion.

Jesús dijo: "De la higuera aprended la parábola: Cuando ya su rama está tierna, y brotan las hojas, sabéis que el verano está cerca. Así también vosotros, cuando veáis todas estas cosas, conoced que está cerca, a la puerta" (Mateo 24:32, 33). La higuera a la cual le brotan las hojas simboliza la restauración de Israel. Jesús mismo dijo que cuando Israel vuelva a ser una nación, todos deben saber que el Hijo de Dios está a las puertas.

Han pasado más de cuarenta años desde la independencia de Israel. En aquel tiempo, los estados árabes hicieron varios intentos por destruir a Israel. No tuvieron éxito. Pero Egipto, el principal estado árabe, ha establecido un tratado de buena voluntad con Israel, con lo cual ha favorecido la validez de esa nación.

Si Dios abre la puerta, nadie puede cerrarla. Si El la cierra, nadie puede abrirla. Ninguna nación podrá destruir nunca a Israel, un pueblo que logró su independencia por el poder de Dios. Israel nunca perecerá porque Dios profetizó que El finalmente lo purificará cuando ese pueblo firme un tratado de siete años con el anticristo. Hoy pierde todo el que pelea contra Israel. Los soviéticos, aliados con la línea dura de los países árabes, han tratado de destruir a Israel, pero como resultado de esos esfuerzos los soviéticos desaparecerán de la faz de la tierra.

Después que Dios proveyó una patria para Israel, comenzaron a reinar los diez cuernos. Después de la Segunda Guerra Mundial, Europa siempre ha sentido la presión de la Unión Soviética en el norte y de los Estados Unidos en el oeste. Arrinconada económica, militar y políticamente, Europa formó una organización unificada; el antiguo territorio del imperio romano una vez más está construyendo un centro de poder.

Europa logró la unificación económica al formar la Comunidad Económica Europea en Bruselas, Bélgica, en 1958; Europa ha promovido la unificación militar al establecer la Organización del Atlántico Norte (OTAN); y está en proceso la unificación política. Actualmente doce países están unidos y el territorio del imperio romano pronto volverá a surgir.

Daniel profetizó hace dos mil setecientos años acontecimientos que ahora aparecen como titulares en los periódicos.

El *Choong Ang Daily Newspaper* de Seúl, Corea, publicó un artículo el 23 de diciembre de 1986 titulado: "El nacimiento de los Estados Unidos de Europa es inminente."

Decía que casi todos los parlamentos de los doce países de la Comunidad Económica Europea habían ratificado el Tratado de La Haya, titulado oficialmente Tratado de la Unificación Europea.

El artículo noticioso decía que el tratado espera la siguiente acción de los países de la Comunidad Económica Europea en 1992:

> Las personas de los estados miembros y su mercancía entrarán y saldrán libremente sin ninguna barrera o restricción; las personas de los estados miembros usarán el mismo pasaporte con el nombre de la Comunidad Europea; al entrar en vigor este tratado, serán abolidas las restricciones de las fronteras y el mercado de trabajo se liberalizará; en el futuro, sólo el presidente de la Comunidad Europea será elegido por el parlamento europeo; las siglas ECU, que significan *European*

Currency Unit, (es decir, la unidad monetaria europea), las cuales se usan ahora en los giros, asumirán el papel de moneda corriente dentro de la comunidad europea.

La Comunidad Económica Europea determinó que en 1997 se eliminarán las limitaciones que han regido el intercambio de monedas entre los países, lo cual fortalecerá a Europa como una gran potencia económica, y no como muchas naciones pequeñas.

Está claro que ahora Jesucristo está tocando en la última puerta de la historia. Cuando decimos que la venida del Señor está a las puertas, no nos referimos a una observación visionaria de un místico. La profecía bíblica se está cumpliendo ante nuestros ojos. La época en que vivimos es el período de los diez dedos o de los diez cuernos.

¿Cuán cerca estamos del fin? La Biblia dice que el fin del mundo vendrá siete años contados a partir del momento en que la Europa unificada haga un tratado de siete años con el Israel independiente. Es digno de notar el progreso que ha habido en el esfuerzo por hacer de Europa una unión; y cuando la unión europea nazca, el jefe de esa unión hará un tratado de siete años con Israel. Este hecho se registra en Daniel 9:27:

Y por otra semana confirmará el pacto con muchos; a la mitad de la semana hará cesar el sacrificio y la ofrenda. Después con la muchedumbre de las abominaciones vendrá el desolador, hasta que venga la consumación, y lo que está determinado se derrame sobre el desolador.

Esa profecía significa que el líder de la Unión Europea hará un tratado de siete años con Israel y luego ayudará a Israel para que demuela el templo árabe, que ahora se yergue en el monte Sion, y para que edifique el templo al Señor. Durante los primeros tres años y medio del tratado, el anticristo se acercará más a Israel como si estuvieran en luna de miel. Los israelitas aceptarán al anticristo como su mesías que hará posible que ellos construyan el templo.

Pero una guerra estallará en el aire, después de los tres años y medios. Será entre Miguel, el arcángel de Dios, y el dragón, Satanás. El dragón, al no hallar un lugar para morar en el aire, será echado a esta tierra con sus seguidores. El dragón entrará en el cuerpo del anticristo y su imagen cambiará por completo; comenzará una campaña para extirpar a Israel; establecerá un ídolo en el templo de Jerusalén y hará que los israelitas lo adoren.

Pero los israelitas, en obediencia a las leyes de Moisés, no se postrarán ante el ídolo, y en consecuencia, se producirá una despiadada matanza: la persecución más grande que Israel haya soportado jamás. Durante ese período, los israelitas que no son elegidos morirán. Pero Dios preparó un escondedero para los israelitas escogidos, y estos estarán seguros por un tiempo.

Durante el período de los últimos tres años y

medio habrá guerras y rumores de guerras en el mundo. A medida que la opresión del anticristo se haga insoportable, la China comunista se rebelará contra su gobierno. Los Estados Unidos habrán establecido relaciones amistosas con China, para ayudarla a que modernice su ejército. Ese ejército se levantará en el Oriente, pasará el río Eufrates e invadirá Europa. China, que cuenta con un ejército reservista de doscientos millones, peleará contra el anticristo, y en Armagedón, es decir, en Palestina, se producirá la mayor matanza de la historia humana. El número de muertos puede imaginarse al tomar en cuenta una imagen bíblica: en el campo de batalla la sangre subirá hasta los frenos de los caballos. En aquel tiempo el Señor descenderá a la tierra montado en un caballo blanco con los santos que habrán ascendido al cielo. El destruirá al enemigo con la espada de su boca y lanzará al anticristo al lago que arde con fuego y azufre. El Señor conquistará al mundo y luego comenzará su reino milenario.

Cuando el anticristo haga el pacto de siete años con Israel, la Iglesia de Cristo será tomada en el aire. Será librada de la Gran Tribulación. Por el hecho de que Jesucristo ya sufrió en la cruz el juicio que nos correspondía por el pecado, la Iglesia no será sometida a esa tribulación. Cuando el anticristo haga el tratado con Israel, las noticias se difundirán por todo el mundo, y mientras los medios informativos difunden esa noticia, los hijos de Dios de repente serán levantados al cielo. En aquel tiempo, dos estarán trabajando en el campo; uno será tomado, y el otro será dejado. Llegará el tiempo en que:

> ...el Señor mismo con voz de mando,
> con voz de arcángel, y con trompeta de
> Dios, descenderá del cielo; y los muertos
> en Cristo resucitarán primero. Luego no-
> sotros los que vivimos, los que hayamos
> quedado, seremos arrebatados junta-
> mente con ellos en las nubes para recibir
> al Señor en el aire, y así estaremos siempre
> con el Señor.
>
> 1 Tesalonicenses 4:16, 17

Como sabemos que aquel día se acerca, debemos ser como las vírgenes prudentes que ve-
laron y oraron mientras esperaban la venida del
esposo.

La Iglesia en el tiempo del fin del mundo

¿Cuál será el estado de la Iglesia en el fin del
mundo? A medida que el fin se acerca, muchos
abandonarán la fe y se irán al mundo. "Pero el
Espíritu dice claramente que en los postreros
tiempos algunos apostatarán de la fe, escuchando a espíritus engañadores y a doctrinas de
demonios" (1 Timoteo 4:1).

Hoy muchas personas ponen atención a espíritus engañadores y a doctrinas de demonios;
niegan el nacimiento virginal de Jesús, la realidad
del cielo y del infierno; afirman que la mejor manera de practicar el verdadero cristianismo consiste en crear una sociedad bien alimentada y
bien vestida. Hay otros que se llaman mesías, que
ponen atención a la voz de los demonios y están

poseídos por espíritus engañadores.

Aun en tal confusión, la Iglesia, el cuerpo de Cristo, debe estar llena del Espíritu Santo, y mantenerse firme en la fe de Jesucristo, quien es el Camino, la Verdad, y la Vida. La Biblia predice que Dios iniciará el movimiento del Espíritu Santo para adornar a su esposa en el fin del mundo.

Santiago dice:

> Por tanto, hermanos, tened paciencia hasta la venida del Señor. Mirad cómo el labrador espera el precioso fruto de la tierra, aguardando con paciencia hasta que reciba la lluvia temprana y la tardía. Tened también vosotros paciencia, y afirmad vuestros corazones; porque la venida del Señor se acerca.
>
> Santiago 5:7, 8

El Espíritu Santo, la lluvia temprana, fue derramado en el Aposento Alto el día de Pentecostés. La lluvia tardía, es decir, la llenura del Espíritu Santo, se nos da hoy. Esa lluvia comenzó a derramarse al principio de nuestro siglo y ahora, en la última década, la obra del Espíritu Santo se está llevando adelante con ánimo, no sólo en las antiguas denominaciones que le dieron abiertamente la bienvenida, sino también en las denominaciones que se manifestaban indiferentes a El. Con ese derramamiento del Espíritu Santo, nuestro Señor ha de adornar a sus amados y así llevarlos al cielo.

Y esto, conociendo el tiempo, que es ya hora de levantarnos del sueño; porque ahora está más cerca de nosotros nuestra salvación que cuando creímos. La noche está avanzada, y se acerca el día. Desechemos, pues, las obras de las tinieblas, y vistámonos las armas de la luz. Andemos como de día, honestamente; no en glotonería y borracheras, no en lujurias y lascivias, no en contiendas y envidia, sino vestíos del Señor Jesucristo, y no proveáis para los deseos de la carne.

Romanos 13:11-14

Vivimos en un tiempo en que debemos velar, orar y esperar. Diariamente nos acercamos al momento en que se cumplirá el clamor de nuestro corazón: "Venga tu reino."

Cuando oramos "... porque tuyo es el reino, y el poder, y la gloria", debemos tener la visión de la venida de Jesucristo, quien ya está a las puertas. Pensemos acerca de la gracia del Espíritu Santo y en el trono de juicio. Seamos agradecidos por la gracia de Dios que nos ha traído hasta los últimos días de la historia. Pregunte qué es lo que Dios quiere que usted haga en este tiempo. Piense en el nuevo cielo y en la nueva tierra conjuntamente con el esplendor dorado de la nueva Jerusalén. Piense en los hermanos, parientes y vecinos que pudieran ser atormentados en la Gran Tribulación y echados en el lago eterno de fuego por causa de su incredulidad. ¿Por qué? Por causa de que esos son los pensamientos de Dios.

Amén

En estas páginas hemos escudriñado el significado de la oración que nos enseñó nuestro Señor; la oración mejor y más breve que podemos ofrecer a Dios. Cuando aceptamos la voluntad y los pensamientos de Dios que se hallan contenidos en cada frase de dicha oración, cuando respondemos a esos pensamientos con nuestro amén, recibiremos la bendición que Jesucristo prometió para nuestra oración. Por última vez, repasemos los principales puntos del Padrenuestro. Mientras usted lo hace, deténgase y acepte cada uno de ellos con un sincero amén.

"Padre nuestro que estás en los cielos, santificado sea tu nombre." Dios, tú estás entre nosotros y has llegado a ser nuestro Padre por la sangre de Jesucristo; disfrutamos de la libertad y de la victoria cuando clamamos a ti y te llamamos "Padre nuestro". Por tanto, oh Señor Dios, que tu nombre sea glorificado mediante nuestro pensamiento, nuestras palabras y nuestra conducta. Amén, así sea.

"Venga tu reino. Hágase tu voluntad, como en el cielo así también en la tierra." Te rogamos que tu reino y tu voluntad vengan a nuestra familia, a nuestra sociedad y a nuestra nación. Tu reino, que Jesucristo trajo y estableció, con el cual llenó nuestro corazón por medio del Espíritu Santo, es el reino donde el soberano poder de Dios dirige y gobierna nuestra vida, y la hace llevar fruto. En ese reino, los demonios se ausentan con grandes clamores, y nosotros prosperamos y recibimos salud mientras prospera nuestra alma. Amén, así sea.

"El pan nuestro de cada día, dánoslo hoy." Oh Dios, nuestro Padre, que creaste el mundo material, que enviaste provisión para tus hijos en el tiempo del Antiguo Testamento, que milagrosamente alimentaste a tus hijos en el tiempo del Nuevo Testamento, danos hoy el pan cotidiano que satisfaga toda necesidad. Amén, así sea.

"Y perdónanos nuestras deudas, como también nosotros perdonamos a nuestros deudores." Oh Dios, que enviaste a tu Hijo para salvarnos del castigo de la muerte, nos conmueve tanto tu gran amor que perdonamos a los que nos hacen mal. Perdona nuestros pecados y ayúdanos a llevar la cruz del perdón con corazón alegre. Amén, así sea.

"Y no nos metas en tentación." Oh Dios nuestro Padre, ayúdanos a comer siempre tu Palabra y a vivir con fe en obediencia a ti. Concédenos tu gracia para que podamos llegar a ser siervos fieles que perseveremos en acción de gracias. Amén, así sea.

"Mas líbranos del mal." Oh Dios nuestro Padre, el que fue echado del cielo por causa de su rebelión al tratar de usurpar tu trono, incesantemente trata de llevarnos al valle de la muerte, al enviarnos espíritus malos y demonios. Pero por el hecho de que hemos podido capturar a los malos espíritus de Satanás y atarlos, somos verdaderos vencedores. Amén, somos vencedores.

"Porque tuyo es el reino, y el poder, y la gloria, por todos los siglos." Que el nuevo cielo y la nueva tierra, a los cuales nos llevará Jesucristo cuando regrese y quiebre las fuerzas de Satanás con su vara de hierro, venga pronto, Padre.

Amén y amén.

Apéndice

La oración
respondida

La oración debe ser siempre respondida; pero si no esperamos respuesta ni la recibimos, nuestra oración llega a ser un monólogo insignificante que desaparece en el aire. Analicemos la clase de oración que recibe respuesta. ¿Cómo funciona?

¿Qué es la oración?

La oración es un diálogo diario entre Dios el Padre y sus hijos. En las relaciones humanas, el diálogo es como la respiración: cuando se detiene, algo muere. De igual manera, cuando el diálogo de la oración se corta entre Dios y nosotros, la relación muere. La oración es esencial para nuestra misma vida.

Dios quiere dialogar con nosotros. Aunque El sabe lo que necesitamos antes que se lo pidamos, quiere oír nuestra necesidad; también quiere oír nuestra acción de gracias y nuestra alabanza. David incluso llegó a decir que Dios mora en las alabanzas de su pueblo. Ni siquiera puedo comenzar a describir el gozo que produce tal relación con Dios, de hablar con El y luego recibir la respuesta, sea tangible o sea espiritual.

En 1 Tesalonicenses 5:17, el apóstol Pablo dijo: "Orad sin cesar." Aunque la respiración es inconsciente y constante, la oración incesante necesita esfuerzo. ¿Sencillamente, cómo podemos mantener nuestra respiración espiritual durante todo el día?

Para orar, no tenemos que mover nuestros labios. Podemos orar con nuestros pensamientos. Si tenemos pensamientos rectos delante de Dios, esos pensamientos se convierten en "un suave olor" que se ofrece al Señor. De modo que Dios lee nuestros pensamientos y los responde. Dios escudriña nuestro corazón y "...sabe cuál es la intención del Espíritu, porque conforme a la voluntad de Dios intercede por los santos" (Romanos 8:27).

Si repetimos palabras de oración de manera habitual, sin que las expresemos de todo corazón, Dios no responde. Cuando el aroma de nuestro pensamiento correcto asciende delante de Dios durante todo el día, este pensamiento llega a ser una oración que se hace incesantemente ante el Señor.

¿Qué es pensar correctamente? En primer lugar, digamos qué es no pensar correctamente. No es un pensar moral o ético o de libertad de todo pensamiento mundano. No es una condición estable de nuestro corazón en la cual nuestro pensamiento se mantiene claro como un espejo. Más bien es el condicionamiento de nuestros pensamientos a los pensamientos divinos tal como se hallan en las Sagradas Escrituras.

Las clases de oración

Cuando nuestro pensamiento asciende delante de Dios, puede tomar varias formas.

Oración meditativa es la que se ofrece mediante nuestros pensamientos; con nuestros ojos abiertos o cerrados, sentados o de pie, trabajando o en descanso. Con mucha frecuencia, es difícil ofrecer la oración meditativa con éxito a menos que estemos bien preparados. La oración implica concentrar nuestros pensamientos en Dios; y sin preparación, nuestros pensamientos se distraen fácilmente.

Oración audible es aquella en la cual los pensamientos de nuestro corazón se expresan en alta voz; tiene varios beneficios. Cuando expresamos y oímos nuestra propia voz, nos concentremos y disminuyen las distracciones. Si aún nuestra fe es débil y no estamos bien preparados, es mejor expresar con palabras nuestras oraciones, pues entonces pueden llegar al trono de los cielos e impulsar la respuesta de Dios.

Las oraciones que expresamos en voz alta con alabanza pueden cantarse con tonos melodiosos. Cuando alabamos a Dios con corazón intenso y sincero, esa alabanza se convierte en oración. Cuando no tenemos la confianza de que sabemos orar, podemos cantar alabanzas y acción de gracias, las cuales Dios honra. Cuando Pablo y Silas cantaban alabanzas en un calabozo, fueron milagrosamente librados por Dios, quien respondió sus oraciones. Habían sido severamente azotados y encerrados por causa de su testimonio; sin embargo, su canto surgió de lo profundo del corazón, y la oración fue respondida.

El Espíritu Santo nos ayuda a dialogar con Dios. Si no fuera por su ayuda, nadie podía orar a Dios. El apóstol Pablo dice: "...nadie puede llamar a Jesús Señor, sino por el Espíritu Santo" (1 Corintios 12:3). "El Espíritu mismo da testimonio a nuestro espíritu, de que somos hijos de Dios" (Romanos 8:16).

No podemos llamar a Dios "nuestro Padre", y orar a El, a menos que el Espíritu Santo nos ayude. Pero el Espíritu Santo también puede llevar nuestras oraciones a un nivel más alto. Cuando estamos llenos del Espíritu Santo, la gracia de Dios nos hace hablar en lenguas que no aprendimos a hablar de manera natural; el Espíritu suelta nuestra lengua. "El que habla en lenguas no habla a los hombres, sino a Dios; pues nadie le entiende, aunque por el Espíritu habla misterios" (1 Corintios 14:2).

Cuando oramos, no sólo en el idioma humano que hemos aprendido, sino con una lengua de oración, según el Espíritu Santo nos dirija, El nos ayuda a vencer las restricciones que nos impone el tiempo y el espacio. El nos lleva a la profunda gracia de Dios. Uno de mis íntimos amigos, el Reverendo Bailus, me contó su propia historia, la cual demuestra el poder de la oración cuando el Espíritu se une con nuestro espíritu y presenta ante Dios situaciones de las cuales ni siquiera estamos enterados.

Un domingo, el Reverendo Bailus estaba almorzando con su familia, cuando el Espíritu Santo le ordenó que fuera a orar. El impulso era tan fuerte que abandonó la mesa y se fue a su cuarto de oración donde oró en lenguas con tal fervor que comenzó a sudar. El no sabía por qué sentía esta carga, pero después de orar alrededor de media hora, volvió a sentir paz. Se sintió libre para volver a sentarse a la mesa y terminar su almuerzo. Luego siguió la rutina de los domingos por la tarde. Fue a una galletería en una terminal de autobuses cercana.

El encargado de la tienda de galletas se sorprendió al ver al Reverendo Bailus y le informó que los padres de éste habían tenido un accidente automovilístico a la misma hora en que él había sido impulsado a orar en lenguas. Cuando el Reverendo Bailus llegó al escenario del accidente, halló que el Volkswagen de sus padres había quedado aplastado contra un camión cargado de materiales de construcción. El pensó que con toda seguridad sus padres no podrían haber sobrevivido. Luego, un agente de la policía que estaba cerca del automóvil chocado comentó: "Nunca he visto un milagro como éste en los treinta años que he estado en la policía. En esta clase de accidentes, todos mueren bajo el camión, pero estos dos ancianitos fueron impulsados hacia afuera como si alguien los hubiera alzado en sus brazos."

El Reverendo Bailus fue de inmediato al hospital, donde halló que sus padres estaban recostados en lechos, sanos y salvos, y sólo tenían algunos rasguños.

Tal como mi amigo lo aprendió ese día, el Espíritu Santo puede guiarnos a la oración con respecto a problemas que ni siquiera podemos identificar hasta que vemos los resultados de nuestra intercesión en el Espíritu.

El propósito de la oración

Mediante la oración, *podemos injertar la mente divina en nuestra mente.*

Jesús dijo: "Arrepentíos." En el original, esa palabra significa: "¡Cambien su pensamiento y emoción!" Tenemos que cambiar nuestros pensamientos negativos y recibir las riquezas, el perdón, el amor y la misericordia que hay en Dios. La Biblia dice: "Haya, pues, en vosotros este sentir que hubo también en Cristo Jesús" (Filipenses 2:5).

Cuando aceptamos los pensamientos divinos en nuestra mente mediante las Sagradas Escrituras, y ofrecemos estos pensamientos a Dios, la mente de Dios se injerta milagrosamente en nuestra mente. Cuando eso ocurre, podemos poseer poder divino. Dios puede hacer lo que humanamente es imposible. Dios es amor y nosotros somos beneficiarios de ese amor. Dios da gracia y nosotros la recibimos. Dios es salud y nosotros vivimos en ella. Dios da riqueza y nosotros la disfrutamos.

Mediante la oración podemos estar *seguros de la remisión de nuestros pecados.* Debemos orar como Jonás, que nuestros pecados sean perdonados. Cuando Jonás huyó a Tarsis en contra de la voluntad de Dios, y se enfrentó al juicio de El, se arrepintió completamente delante del Señor.

Invoqué en mi angustia a Jehová, y él me oyó; desde el seno del Seol clamé, y mi voz oíste. Me echaste a lo profundo, en medio de los mares, y me rodeó la corriente; todas tus ondas y tus olas pasaron sobre mí. Entonces dije: Desechado soy de delante de tus ojos; más aún veré tu santo templo.

Jonás 2:2-4

Para el pueblo de Israel, el hecho de volver el rostro hacia el templo simbolizaba arrepentimiento. Nuestros pecados son perdonados cuando los confesamos y nos arrepentimos delante de Dios, cuya misma naturaleza es amor y perdón. "Venid luego, dice Jehová, y estemos a cuenta; si vuestros pecados fueren como la grana, como la nieve serán emblanquecidos; si fueren rojos como el carmesí, vendrán a ser como blanca lana" (Isaías 1:18).

Mediante la oración también podemos estar seguros de que Dios nos ha perdonado el pecado original y el pecado de presunción, con la sangre de Jesucristo. El diablo siempre susurra a los cristianos la mentira de que aún estamos en pecado, de que tenemos que pagar el precio del pecado. Pero Dios nunca recuerda el pecado que El perdonó una vez. Dios nos reconoció como personas que nunca cometimos un pecado contra El. Somos justificados por fe. Eso es verdad. Entonces, ¿por qué aún somos víctimas de una conciencia culpable? Porque no oramos con acción de gracias, ni aceptamos el perdón de Dios y el poder de la sangre de Jesús. La oración nos asegura que nuestros pecados son perdonados, nos provee nueva energía para vivir osadamente como personas justas.

La oración también abre nuestros ojos para comprender que tenemos vida eterna. Nuestro Señor es "... el que hizo la tierra, Jehová que la formó para afirmarla; Jehová es su nombre" (Jeremías 33:2). Dios envió a su Hijo Jesucristo a este mundo, para que todo aquel que en él cree, no se pierda sino que tenga vida eterna (Juan 3:16). Esa vida eterna no sólo significa que viviremos para siempre. Aun los que van al infierno por causa del pecado de incredulidad y por vivir en el pecado, estarán eternamente en tormento.

La vida eterna que heredamos es la vida de nuestro Padre celestial. Es la bendita vida que disfrutamos aun ahora mismo en este mundo. Cuando injertamos nuestra mente en la mente de Dios y ofrecemos la oración para glorificarlo, la paz y el gozo sobreabundantes que vienen a nuestro corazón abren nuestros ojos para que comprendamos las cosas eternas. Esta paz y este gozo son prueba de que el Espíritu de Dios está dentro de nosotros.

¿Qué otra cosa hace la oración? *Aligera las cargas de la vida.*

Nadie vive en este mundo que no tenga sobre sí cargas pesadas, aunque el peso de cada cual difiere del de los demás. Pero Jesús dijo· "Venid a mí todos los que estáis trabajados y cargados, y yo os haré descansar" (Mateo 11:28). ¿Cómo podemos acudir a Cristo? Mediante la oración.

Cuando colocamos nuestras cargas delante de Jesucristo, las solucionará el Espíritu Santo, que fue enviado por Jesús.

Mediante la oración somos sanados de nuestras enfermedades. La enfermedad existe por causa de nuestros pecados directos o indirectos. Sin embargo, si creemos en Jesucristo como nuestro Salvador, debemos ser librados de la enfermedad como también debemos ser perdonados de todos nuestros pecados. Su voluntad divina es que vivamos con salud hasta que seamos llamados al cielo. Jesús dedicó la mayor parte de su ministerio público a sanar a los enfermos. (Isaías 53:5). Cuando acudimos a Dios de esa manera, orando con fe constante, como la mujer sirofenicia o el centurión romano de quienes nos habla el Nuevo Testamento, podemos ser librados de las garras de la enfermedad.

Mediante la oración podemos *resistir al diablo y ponerlo en fuga*. Satanás ya fue derrotado en la cruz. Su derrota se completará al fin de la gran tribulación, cuando sea atado. En consecuencia, tenemos que mantener al diablo cautivo por el poder y el mérito de la sangre de Jesús; cuando oramos y ayunamos podemos resistir al diablo.

Mediante la oración podemos vencer las pruebas.

Nuestra oración es esencial si no hemos de caer en tentación; es indispensable si hemos de ser librados de la tentación. La noche en que Jesús fue traicionado, El les dijo a sus discípulos en el huerto de Getsemaní: "¿Por qué dormís? Levantaos, y orad para que no entréis en tentación" (Lucas 22:46). Si aquellos discípulos hubieran orado en ese momento, en vez de quedarse dormidos, ¿qué habría ocurrido? Tal vez Pedro no habría negado a Jesús. La mejor manera de salir de la tentación no consiste en presentar excusas o vengarnos, sino en postrarnos delante del Señor, humillarnos y orar.

Nuestro acercamiento a Dios

La oración en general le da la gloria a Dios, le da las gracias, le confiesa los pecados diarios, le informa lo que ha ocurrido en nuestra vida diaria y solicita que El proporcione lo que necesitamos diariamente. La oración en general se preocupa de la rutina de la vida diaria. De una manera general, debemos alabar a Dios por su gracia y por su redención. Debemos orar constantemente para pedir la ayuda de Dios en todo lo que toca nuestra vida diaria, especialmente debemos pedirle el bienestar de nuestra vida espiritual, de nuestra salud y de nuestra vida de negocios.

Pero una oración especial se hace cuando nos enfrentamos con un problema urgente o una decisión. Si queremos hallar la voluntad de Dios o tener una respuesta para un problema, como una enfermedad o una necesidad material, tenemos que orar a Dios con una resolución y una actitud especial. ¿Cómo hacemos eso?

En primer lugar, tenemos que aclarar nuestro objeto detalladamente. Si no tenemos una necesidad definida por la cual oramos, no podemos saber si Dios ha respondido nuestra oración. Además, la oración que no es específica; por lo general no está acompañada de un ardiente deseo que nos haga persistentes.

Cuando los discípulos de Jesús le pidieron: "Señor, enséñanos a orar, como también Juan enseñó a sus discípulos" (Lucas 11:1), Jesús les narró la siguiente parábola:

> ¿Quién de vosotros que tenga un amigo, va a él a medianoche y le dice: Amigo, préstame tres panes, porque un amigo mío ha venido a mí de viaje, y no tengo qué ponerle delante; y aquél, respondiendo desde adentro, le dice: No me molestes; la puerta ya está cerrada, y mis niños están conmigo en cama; no puedo levantarme, y dártelos?
>
> Lucas 11:5-7

Cuando el hombre de esta historia acudió a su amigo, no le dijo: "Préstame pan", o "Préstame unos panes." El explicó concretamente la situación por la cual necesitaba el pan, y le dijo: "Préstame tres panes." Nuestras oraciones deben también tener detalles definidos.

Todas las oraciones que se mencionan en la Biblia tienen objetivos explícitos y definidos. En Génesis 24 se nos narra la oración que hizo Abraham cuando envió a su siervo para que buscara esposa para Isaac. Su contenido es muy concreto, como también es concreta la oración de Gedeón, que se registra en Jueces capítulo 6. Cuando planificamos nuestras peticiones, es bueno hacernos tres preguntas: "¿Cuál es nuestra petición?" "¿Cuánto estamos pidiendo?" "¿Cuándo queremos que sea respondida la oración?"

En segundo lugar, nuestras oraciones tienen

que basarse en la Palabra de Dios. No importa que nuestras oraciones sean específicas, si están en contra de la voluntad de Dios, no pueden ser respondidas. Así que cuando oramos a Dios, tenemos que acercaros a El teniendo en cuenta su Palabra. ¿Nuestra petición es contraria a la voluntad de Dios? El apóstol Pablo dice: "No os conforméis a este siglo, sino transformaos por medio de la renovación de vuestro entendimiento, para que comprobéis cuál sea la buena voluntad de Dios, agradable y perfecta" (Romanos 12:2).

La Palabra de Dios nos indica "cuál sea la voluntad de Dios, agradable y perfecta". Es su divina voluntad que nosotros tengamos salud, que prosperemos, que estemos libres de una conciencia culpable.

En tercer lugar, debemos hacer la oración de arrepentimiento y perdón. Si albergamos iniquidad en nuestro corazón, Dios no nos oye ni responde la oración (Salmo 66:18). El pecado siempre se convierte en una barrera entre Dios y nosotros, obstruye nuestra oración y no nos permite que suba a la presencia de Dios; impide que la respuesta de Dios descienda hacia nosotros.

Jesús dijo que primero debemos perdonar las transgresiones de nuestro prójimo:

> Porque si perdonáis a los hombres sus ofensas, os perdonará también a vosotros vuestro Padre celestial; mas si no perdonáis a los hombres sus ofensas, tampoco vuestro Padre os perdonará vuestras ofensas.
>
> Mateo 6:14, 15

Por tanto, os digo que todo lo que pidiereis orando, creed que lo recibiréis, y os vendrá. Y cuando estéis orando, perdonad, si tenéis algo contra alguno, para que también vuestro Padre que está en los cielos os perdone a vosotros vuestras ofensas.

Marcos 11:24, 25

En cuarto lugar, debemos tener fe en Dios. Cuando los discípulos de Jesús se asombraron porque una higuera que Jesús había maldecido se había secado, Jesús les dijo:

Tened fe en Dios. Porque de cierto os digo que cualquiera que dijere a este monte: Quítate y échate en el mar, y no dudare en su corazón, sino creyere que será hecho lo que dice, lo que diga le será hecho.

Marcos 11:22, 23

En el original griego, la expresión: "tened fe en Dios", realmente significa: "tened la fe de Dios". Esa fe se diferencia de la fe general o natural que tenemos. La fe de Dios se derrama en nuestro corazón por el Espíritu Santo cuando leemos la Palabra de Dios. Tan pronto como esa fe entra en nuestro corazón, podemos creer firmemente aun lo que no es posible a la luz de la razón. Lo que produce esa fe en nuestro corazón es precisamente lo que en el original del Nuevo Testamento se llama *rhema*, "porque mayor es el que está en vosotros que el que está en el mundo" (1 Juan 4:4). Cuando recibimos la fe de Dios mediante su Palabra con la ayuda del Espíritu Santo, ocurre un milagro: Satanás, quien tiene el poder del aire, sale de nosotros, cuando la Palabra de Dios mora en nosotros, y se afloja la garra que Satanás tiene sobre nosotros.

En quinto lugar, tenemos que pedir la ayuda del Espíritu Santo, quien está a nuestro lado. El conoce nuestra necesidad y cuál es nuestro deseo. El también conoce cuál es la voluntad de Dios y la respuesta que Dios tiene preparada para nosotros.

> Porque ¿quién de los hombres sabe las cosas del hombre, sino el espíritu del hombre que está en él? Así tampoco nadie conoció las cosas de Dios, sino el Espíritu de Dios. Y nosotros no hemos recibido el espíritu del mundo, sino el Espíritu que proviene de Dios, para que sepamos lo que Dios nos ha concedido.
>
> 1 Corintios 2:11, 12

Cuando dependamos del Espíritu Santo, podemos movernos rápidamente como un pájaro que se deja llevar por el viento hacia el lugar donde nos espera la respuesta de Dios.

En sexto lugar, debemos orar con un deseo ardiente. El que no ora con un deseo ardiente, no puede recibir nada. Jesús nos narró una parábola con respecto a una viuda pobre y un juez cruel, para enseñarnos que debemos orar resueltamente y no desmayar. La actitud intensa de la mujer sirofenicia es la que debemos aprender y tener en la oración (Mateo 15:21-28).

¿Cuánto tiempo debemos orar con un deseo ardiente? Debemos orar hasta estar seguros de la respuesta, hasta que tengamos paz y gozo. Si nos levantamos y decimos: "Señor, yo creo", sin la seguridad de que la oración ha sido respondida, nuestra oración tiene un solo lado. Dios no está obligado. Cuando la respuesta viene en camino, el Espíritu Santo viene a nosotros para darnos una tranquila seguridad.

> Por nada estéis afanosos, sino sean conocidas vuestras peticiones delante de Dios en toda oración y ruego, con acción de gracias. Y la paz de Dios, que sobrepasa todo entendimiento, guardará vuestros corazones y vuestros pensamientos en Cristo Jesús.
>
> Filipenses 4:6, 7

Por último, tan pronto como tengamos la seguridad en nuestro corazón, debemos dejar de orar por esa petición y comenzar a ofrecer acción de gracias; debemos confesar con nuestra boca y decir con fe: "La salud vendrá sobre mí." "La riqueza material vendrá sobre mí." "Mis hijos me obedecerán."

Cualquiera que sea la petición que hagamos, debemos confesar la seguridad que el Espíritu Santo nos dé, y osadamente ordenar que la respuesta se produzca. Esta gran declaración hace que una obra creadora se produzca en nuestro ambiente.

Nos agradaría recibir noticias suyas.
Por favor, envíe sus comentarios sobre este libro
a la dirección que aparece a continuación.
Muchas gracias.

Editorial Vida
7500 NW 25 Street, Suite 239
Miami, Florida 33122

Vidapub.sales@zondervan.com
http.//www.editorialvida.com